Reiner Preuß

Eisenbahn-Reiseführer Berlin

Ein kostenloses Gesamtverzeichnis erhalten Sie beim
GeraMond Verlag
D-81664 München

www.geramond.de

Lektorat: Lothar Reiserer
Schlusskorrektur: Martin Distler
Layout: Buchflink, Nördlingen
Repro: ScannerService
Herstellung: Thomas Fischer
Bilder der Umschlagseiten: DB AG/Lautenschläger (Vorderseite),
Reiner Preuß (Rückseite)

Alle Angaben dieses Werkes wurden vom Autor sorgfältig recherchiert und auf den aktuellen Stand gebracht sowie vom Verlag geprüft. Für die Richtigkeit der Angaben kann jedoch keine Haftung übernommen werden.
Für Hinweise und Anregungen sind wir jederzeit dankbar.
Bitte richten Sie diese an:
GeraMond Verlag
Lektorat
Innsbrucker Ring 15
D-81673 München
e-mail: lektorat@geranova.de

Die Deutsche Bibliothek – CIP Einheitsaufnahme
Ein Titeldatensatz für diese Publikation ist bei der Deutschen Bibliothek erhältlich.

Printed in Italy by Printer Trento S.r.l.
ISBN 3-7654-7066-X

Reiner Preuß

Bahn-Reiseführer

Berlin

DB S U Tram

Informationen, Routen und Erlebnisse

GeraMond

Berlin Ostbahnhof: Großstadt in der Nacht – ein faszinierender Anblick *Foto: DB AG/Eggert*

Vorwort

„Berlin tut gut", sagen die Tourismus-Experten und laden damit die Neugierigen in die Bundeshauptstadt ein. Viel gibt es zu sehen und zu erleben: Bundespräsenz, Museen, Theater, Denkmäler, historische und neue Bauten, Landschaften und Wasserwege, auch Baustellen – von denen manche 2006 zum Abschluss kommt.
Es war also an der Zeit, einen neuen Bahnreiseführer Berlin zu schreiben.
Er richtet sich an den Eisenbahnfreund und den Berlinfan – und hilft sowohl Berlins Schienenverkehr zu entdecken als auch Berlin per Schiene zu erleben.
Dem Titel verpflichtet, wird einerseits von der Eisenbahn zu lesen sein: Von der S-Bahn als zuverlässigem Rückgrat des Berliner Nahverkehrs und in seinem unmittelbaren Umland und mehr noch von der Fernbahn, wie in Berlin die nicht zur S-Bahn gehörende Eisenbahn bezeichnet wird. Andererseits kommen U-Bahn und Straßenbahn nicht zu kurz.
Das Taschenbuch erlaubt nicht, jede Betriebsstelle zu erwähnen, manches muss dem eigenen Erleben vorbehalten bleiben. In den Vordergrund tritt, was heute zu sehen ist, ohne den Bezug auf die gerade für Berlin zutreffende vielfältige Geschichte außer acht zu lassen.
Wer Weiteres zur Verkehrsgeschichte und zu manchem unerwähnten Ort wissen will, wird zusätzliche Fachliteratur zu Rate ziehen. Wir wünschen dem Leser viel Entdeckerfreude.
Bei der Benutzung von Eisenbahnbegriffen mussten einige Schwierigkeiten gemeistert werden. So ist der landläufig genannte S-Bahnhof meist nur ein Haltepunkt im Sinne der Eisenbahngesetzgebung. Wir haben oft den Begriff S-Bahn-Station verwendet. In der Regel beginnt jede Berliner Betriebsstelle mit der Bezeichnung „Berlin", meist ist das hier, wie auf Informationstafeln in Berlin üblich, weggelassen worden.

Reiner Preuß, März 2006

Inhalt

Einführung

Berlin: Stadt im Wechsel politischer Verhältnisse

Berlin: Keine andere Stadt Deutschlands hat eine derart bewegte Historie *Foto: B. Schulz*

Ein weiter Weg von der ersten urkundlichen Erwähnung ...

Wohl keine Metropole der Welt zeigt eine derartig bewegte politische Vergangenheit wie Berlin. Die etwa 890 km^2 bedeckende Stadt mit heute 3,4 Millionen Einwohnern und einer 45 km langen Ost-West- und 38 km langen Nord-Süd-Ausdehnung wurde 1244 erstmals urkundlich erwähnt und 1701 Königsstadt unter Friedrich I. Bei der Reichsgründung 1871 bestimmte der Kaiser seine Residenz zur Reichshauptstadt. Damit wurde Berlin zunehmend zum Wirtschaftszentrum und Verkehrskreuz Deutschlands. „Groß-Berlin“ nannte sich die Stadt nach der Eingemeindung von Charlottenburg, Spandau, Schöneberg, Wilmersdorf, Neukölln, Lichtenberg und Köpenick im Jahre 1920 und unterteilte sich damals in 20 Bezirke, im Jahre 2001 fusionierten die auf 23 angewachsenen zu zwölf. Die Stadt wurde Ziel schwerer Luftangriffe im Zweiten Weltkrieg, die ersten Bomben fielen am 1. März 1943.

Nach Kriegsende lagen 80 Millionen m^3 Schutt als Trümmerwüste in der Stadt, die sich – auch was die Verkehrswege betrifft – von den Zerstörungen nur schwer erholte. Berlin gehörte 1945 zur sowjetisch besetzten Zone, wurde auf Grund von Abmachungen der vier Siegermächte („Londoner Protokoll“) ab Juli zur Viersektorenstadt. Anstelle der Hauptstadtfunktionen trat in Berlin der Alliierte Kontrollrat, allerdings seit 1948 nur für die Westsektoren, da die Union der Sozialistischen Sowjetrepubliken ihre Mitarbeit einstellte. Getrennte Währungen im englischen, französischen und amerikanischen Sektor einerseits und im sowjetischen anderseits spalteten die Stadt seit 1948 auch noch wirtschaftlich. Die Westsektoren litten von 1948 bis 1949 unter der sowjetischen Blockade, bei der von der sowjetischen Besatzungsmacht sämtliche Verkehrswege zwischen den englischen, französischen und amerikanischen Besatzungszonen und den unter gleichem Besatzungsregime in Berlin bestehenden Sektoren unterbrochen wurden. Nur eine „Luftbrücke" versorgte die Bevölkerung der abgeschnürten Sektoren. In dieser Zeit zerbrach die gemeinsame Verwaltung der Stadt. Die englischen, französischen und amerikanischen bildeten eine eigene Stadtverwaltung. „West-Berlin" – je nach politischer Anschauung in unterschiedlicher Schreibweise – wurde zum Begriff für einen eigenständigen Stadtteil, der politisch und mit eigener Währungs- und Wirtschaftsstruktur als Insel innerhalb der sowjetischen Besatzungszone – dann DDR – und getrennt zur östlichen Stadthälfte, jedoch immer in vielfältiger und fester Verbindung zum Gebiet der Bundesrepublik Deutschland blieb. Die Bevölkerung Berlins litt ganz erheblich unter der plötzlichen Teilung, die ja nicht nur die Verkehrswege und städtische Strukturen betraf, sondern mitten durch Familien ging.

… zur geteilten Stadt

Mit der Bildung der Bundesrepublik Deutschland (Hauptstadt: Bonn) 1949 sah die sowjetische Besatzungsmacht und die kommunistische Führung in dieser Zone den Anlaß gekommen, die sowjetische Besatzungszone einschließlich den

In der dicht bebauten Friedrichstraße sind vom gleichnamigen Bahnhof auf einer Ansichtskarte aus dem Jahre 1910 nur die Brücke und die Hallenschürze zu sehen Sammlung R. Preuß

S-Bahn-Züge in der Kehranlage von Warschauer Straße. Der Tunnel unterfährt die S-Bahn-Strecke nach Erkner. Foto: R. Preuß

Ostsektor Berlins als neuen Staat „Deutsche Demokratische Republik" mit der Hauptstadt Berlin (gemeint war der sowjetische Sektor dieser Stadt) auszurufen. Noch funktionierten die historischen Verkehrswege nach Berlin und innerhalb der Stadt, wenn auch mit Kontrollen und Schikanen, die meist den ins Umland reisenden Berlinern aus dem Westsektoren galten. Während die kommunistisch verwaltete DDR die Bedeutung ihres Stadtteils als Hauptstadt unterstützte, entwickelte sich West-Berlin mit Hilfe der Bundesrepublik Deutschland zum „Schaufenster" für den Osten. Zahlreiche Sonderbestimmungen sollten das Leben auf der „Insel im kommunistischen Meer" erträglich machen. Die Verbindungen nach West-Berlin waren ideal für die Flucht von der kommunistischen Diktatur in den Westen.

Vom Mauerbau …

Am 13. August 1961 begannen DDR-Militärverbände West-Berlin vollständig von der DDR und Ost-Berlin abzuriegeln. In strenger Geheimhaltung waren Pläne zur Unterbrechung der Verkehrswege (nicht jedoch die dem alliiertem Recht unterliegenden Luftwege) vorbereitet worden. Nur noch an wenigen Punkten und unter scharfen Kontrollen war der Wechsel zwischen Ost- und West-Berlin möglich, wenn es seitens östlicher Behörden dazu überhaupt eine Erlaubnis gab. West-Berliner durften Verbindungswege zum und vom Bundesgebiet nach genauen Vorgaben und unter strengen Kontrollen benutzen, so es nicht einen Vorwand gab, das zeitweise zu unterbinden. Zwischen dem 23. August 1961 und 1972 wird es West-Berlinern fast unmöglich gemacht, den Ostteil der Stadt zu betreten. Genauso verfuhr die Exekutive der DDR mit den eigenen Bürgern für den Besuch West-Berlins. Reisenden aus der Bundesrepublik Deutschland wurden Besuche und touristische Ausflüge nach Ost-Berlin erlaubt, von West-Berlin aus als Tagesausflug.
Erleichterungen im Reiseverkehr traten, von zwischenzeitlichen Regelungen zu einzelnen Feiertagen abgesehen, erst mit dem Transitabkommen von 1971 und dem Verkehrsvertrag von 1972 ein. Seit Sommer 1989 kam es in der DDR einschließlich Ost-Berlin zu politischen

Auseinandersetzungen zwischen der Bevölkerung und dem kommunistischen Machtapparat, bei denen unter Ausnutzung eines Missverständnisses (der Sprecher der DDR-Regierung Schabowski hatte vorzeitig freie Reisen verkündet) Ost-Berliner am 9. November 1989 den Übertritt nach West-Berlin erzwangen. Dieses Datum gilt als Fall der Mauer. In Schritten führte das – vorerst noch mit Genehmigungen durch die DDR – zum freien Verkehr innerhalb Berlins und zwischen Berlin und dem Umland, denn der enorme Besucherverkehr zwischen den Stadtteilen und zwischen Berlin und der Bundesrepublik Deutschland zwang kurzfristig zu Maßnahmen, die abgebauten Verkehrsverbindungen wieder herzustellen oder sie zu ersetzen.

Die S-Bahn, so sagen die Berliner, gehört zur Stadt wie der Senf zur Bockwurst.

Foto: Bodo Schulz

… zur Bundeshauptstadt

Am 18. März 1990 gab es in der DDR die ersten freien Wahlen, am 12. Juni 1990 traten der Ost-Berliner Magistrat und der West-Berliner Senat nach 42 Jahren erstmals zu einer gemeinsamen Sitzung zusammen. Am 1. Juli 1990 wurde dank der Währungsunion Berlin und das Umland zum einheitlichen Währungsgebiet. Der 2+4-Vertrag über die Aufhebung der alliierten Siegerrechte wurde am 12. September 1990 ratifiziert und damit der Weg freigemacht zum Beitritt der DDR zur Bundesrepublik Deutschland, und am 3. Oktober 1990 wurde Berlin wieder zur einheitlichen Stadt. Erst am 20. Juni 1991 beschloß mit zahlreichen Gegenstimmen der Bundestag in Bonn, Berlin zur Hauptstadt und zum künftigen Regierungssitz zu machen.

Der Beschluss förderte die Verbesserung des Eisenbahnverkehrs für Berlin wesentlich. Die Stadt wurde eingebunden in die Verkehrsprojekte Deutsche Einheit. Am 23. August 1999 begann der Umzug des größten Teils der Regierung nach Berlin. Der ehemalige Reichstag wurde das Tagungsgebäude des Deutschen Bundestages. Dem Wechsel der Regierung vom Rhein an die Spree folgten die Botschaften und zahlreiche Verbände der Wirtschaft und des politischen Lebens sowie die Parteien. In der mit der Vergangenheit belasteten Stadt, die viele Sehenswürdigkeiten und touristische Ziele bietet, begann eine rege Bautätigkeit, was der Stadt die Bezeichnung „Größte Baustelle Europas" eintrug.

Berliner Verkehr

Von der Aussichtsplattform des Fernsehturms am Alexanderplatz bietet sich ein weiter Blick über die Stadtbahn. Der Ausschnitt zeigt die Strecke zwischen Hackeschen Markt und Friedrichstraße, quer über die Museumsinsel und den Tiergarten links im Bild *Foto: Reiner Preuß*

Die Oberbaumbrücke der Spree als Verbindung der Stadtteile Kreuzberg und Friedrichshain. Der Name leitet sich von dem Sperrbaum ab, der die Schiffseinfahrt in die Stadt sperrte

Foto: Bodo Schulz

Schiffsverkehr

Mehrere natürliche Wasserarme und zahlreiche künstliche Wasserstraßen durchziehen Berlin und verbinden teilweise große Seen wie den Großen Müggelsee mit 743 ha, den Tegeler See mit 384 ha, den Langen See mit 290 ha, den Großen Wannsee mit 273 ha und den Seddinsee mit 258 ha. Auf den Berliner Wasserstraßen dfahren Schiffe des In-und Auslands. Mit den Flüssen Spree, Dahme und den Seen bietet sich innerhalb der östlichen Stadt eine paradiesische Wasserlandschaft an. Im Westen sind es Havel und der Wannsee, die die Stadt prägen. Berlin gilt als brückenreichste Stadt Europas. Für die Personenschiffahrt gibt es mehrere Anlegestellen (u. a. am Wannsee, in Tegel, in Treptow, am S-Bahnhof Jannowitzbrücke), von denen Rundfahrten innerhalb der Stadt wie auch Ausflüge ins Umland unternommen werden können. Größter Berliner Hafen für den Güterverkehr ist der Westhafen in Moabit. Berlin liegt in der Norddeutschen Tieflandsbucht, die höchsten Erhebungen in Berlin, die Müggelberge, liegen nur 115 m über Normalnull. Das flache Berlin durchziehen fünf Flüsse, schiffbar davon drei, und mehrere Kanäle. 15,3 Prozent der Stadt gehören zur Verkehrsfläche, der Erholung sind 11,3 Prozent gewidmet.

Straße und Schiene

Den Landverkehr beherrschen Straßen- und Schienenfahrzeuge. Ein Autobahnring umschließt die Stadt mit Zubringern in die zwei Stadtzentren. Nicht zur Mitte zu verläuft eine Stadtautobahn. In Nähe des Funkturms [S-Bahnhof Messe Nord/ICC (Witzleben)] befindet sich der Zentrale Omnibusbahnhof mit zahlreichen Fernlinien zu deutschen Städten und ins Ausland. Eine weitere Busstation soll an den Alexanderplatz in Mitte kommen. Berlin hat wie andere Städte ein dichtes Netz innerstädtischer Buslinien. Die Stadt leidet mit den Staus, und Parkplätze sind knapp. Es ist nicht nötig, sich Berlin mit dem PKW zu erobern, denn Berlin ist bekannt für sein gut ausgebautes Schienennetz für Straßenbahn (hauptsächlich im Ostteil der Stadt), Untergrundbahn (hauptsächlich im Westteil der Stadt), S-Bahnen, und seit 1998 fahren die Züge des Regional- und Fernverkehrs quer durch die Bundeshauptstadt und erleichtern Fahrten zwischen dem Umland und mehreren Berliner Bahnhöfen wesentlich.

Derzeit werden in Berlin 181,6 km Straßenbahngleise (Streckenlänge) mit der Spurweite von 1435 mm befahren. Auf ihrem heutigen Stadtgebiet fuhr der Welt erste elektrische Straßenbahn, und zwar am 16. Mai 1881 in Lichterfelde von der Kadettenanstalt zum dortigen Bahnhof an der Berlin-Anhaltinischen Eisenbahn. Allerdings lag die Bahn damals außerhalb der Stadt, und sie besaß keine Oberleitung. Mit dieser und nun teilweise in der Stadt ging am 10. September 1895 die Straßenbahnlinie zwischen Pankow und Gesundbrunnen in Betrieb. Als sich 1920 Groß-Berlin bildete, übernahm es die einzelnen Straßenbahnbetriebe. Durch Kriegsverluste und Reparationsabgaben geschwächt, ließen die Berliner Verkehrsbetriebe bereits am 20. Mai 1945 wieder Straßenbahnen fahren. Die Teilung der Stadt in Sektoren behinderte scheinbar nicht den durchgehenden Betrieb zwischen den Sektoren; in Wirklichkeit gab es immer wieder Anlässe ihn zwischen Ost und West zu stören. Wegen unterschiedlicher Währungen mußten an der sowjetischen Sektorengrenze die Schaffner ausgetauscht werden. Frauen durften in den westlichen Sektoren nicht Schaffner sein. Da Ost-Berlin nicht einlenken wollte, stellte es am 15. Januar 1953 den sektorenüberschreitenden Straßenbahnverkehr ein. Mit dem Mauerbau 1961 wäre er sowieso unterbrochen worden. Nun kam es in Berlin zu einer gewissen Straßenbahnfeindlichkeit. Die Elektrische wurde in West-Berlin am 2. Oktober 1967 ganz eingestellt. In Ost-Berlin fehlten die Voraussetzungen, den U-Bahnbau oder den Buseinsatz zu forcieren. Zumindest wurde der Straßenbahnverkehr im Zentrum von Ost-Berlin eingestellt, am 1. Januar 1967 überquerte die Straßenbahn – wie man glaubte – letztmalig den Alexanderplatz. Für die Verkehrsanbindung des Neubaugebietes im Stadtbezirk Marzahn ließ sich auf sie nicht verzichten. Die erste Neubautrasse ging 1979 zu diesen Außenbezirk in Betrieb. 1993 beschloß der Senat eine Wiederbelebung stillgelegter Strecken. So besitzt die instandgesetzte Oberbaumbrücke bereits Gleise für die Straßenbahn. Seit 1995 fährt die Bahn wieder im Westteil der Stadt, von der Bornholmer Straße nach Wedding, und seit 18. Dezember 1998 über den Alexanderplatz. Die Tatra-Fahrzeuge werden von neuen Fahrzeugen er-

Ost-Architektur und die historische Halle des Bahnhofs Alexanderplatz im Herzen Berlins
Foto: Bodo Schulz

setzt, wie auch die langgedienten Lowa-Fahrzeuge und die sogenannten Rekonstruierten nicht mehr fahren. Die ersten der neuen Niederflurfahrzeuge bezog die Stadt von Hennigsdorf. In Berlin gibt es eine vielfältige Sammlung historischer Fahrzeuge, von Freunden der Straßenbahn in der Freizeit detailgetreu aufgearbeitet und fahrfertig hergerichtet. Wenn sie nun weniger im Stadtbild zu sehen sind, dann liegt das an den jetzt auch für den Ostteil der Stadt geltenden Vorschriften, auf die die Fahrzeuge noch eingerichtet werden müssen. Die betriebsfähigen gehören zu den Berliner Verkehrsbetrieben. Größtenteils befinden sich die historischen Fahrzeuge in der Wagenhalle an der Endhaltestelle Schmöckwitz, wo an jedem zweiten Wochenende Gelegenheit zur Besichtigung besteht.
Zum schienengebundenen Verkehr gehört in Berlin natürlich die Untergrundbahn, teilweise als Hochbahn ausgeführt und mit einem blauen „U" gekennzeichnet. An ihrem Streckennetz lässt sich die politische Situation in der Stadt beurteilen, denn der Ausbau des U-Bahn-Netzes in West-Berlin hatte einen anderen Stellenwert als in der „Hauptstadt der DDR". Da kam die U-Bahn-Erweiterung, so sehr sie gewünscht war, nur in bescheidenem Maße voran, während die Streckenlänge in West-Berlin schon wegen des S-Bahn-Boykotts zügig zunahm und auch weil da die Straßenbahn abgeschafft wurde.

i Info: Der Stadtbahn-Trick

Fahrkarten der Deutschen Bahn mit der Bezeichnung „Berlin Stadtb" gelten auf der S-Bahn-Strecke in der angetretenen Fahrtrichtung zwischen Berlin-Charlottenburg und Berlin-Lichtenberg. Wer beispielsweise mit einer solchen Fahrkarte von München nach Berlin Hbf fährt, kann mit der Fahrkarte die RE-Züge oder die S-Bahn bis Berlin-Charlottenburg und Berlin-Lichtenberg ohne Nachzahlung benutzen, bei dem Aufdruck „City" gar zu allen Stationen innerhalb des Ringes fahren.

Flotte Züge zwischen Stadtzentrum und Flughafen Schönefeld sind mit „AirportExpress Schönefeld“ gekennzeichnet. *Foto: DB AG/Kirsche*

Die erste U-Bahn-Strecke wurde nach zahlreichen Versuchen und im Streit zwischen den Firmen AEG und Siemens, die jeweils ihre eigene Lösung favorisierten, am 18. Februar 1902 zwischen Stralauer Tor (U-Bahnhof an der Oberbaumbrücke, der nach der Kriegszerstörung nicht wieder aufgebaut wurde) und Potsdamer Platz eröffnet. Gebaut wurde sie von der „Gesellschaft für elektrische Hoch – und Untergrundbahnen“. Noch im gleichen Jahr, am 14. Dezember, wurde die Strecke bis zum Bahnhof Knie (heute Ernst-Reuter-Platz) verlängert, nun aber

Die Eisenbahnwelt ist jedes Jahr mit der Messe Innotrans in Berlin zu Gast *Foto: Reiner Preuß*

Info: Berliner Verkehrsgesellschaft

Fahrgastfahrten 2004 in Mio	Stand 31.12.2004
Gesamt BVG	1.035,2
davon U-Bahn	456,8
davon Straßenbahn	171,3
davon Omnibus einschl. Fähren	407,1
Verkehrsnetz U-Bahn	
Linienanzahl Tag–Nacht	9–2
Streckenlänge (km)	
Tag–Nacht	144,2–120,3
Linienlänge (km) Tag–Nacht	144,9–120,3
Bahnhöfe Tag–Nacht	170–145
Bahnsteigkanten Tag–Nacht	389–330
Mittlerer Bahnhofsabstand (km)	0,79
Mittlere Beförderungsgeschwindigkeit (km/h)	31,1
Großprofil (km/h)	32,6
Kleinprofil	27,5
Verkehrsnetz Straßenbahn, Linienlänge (km)	187,7
Verkehrsnetz Omnibus, Linienlänge (km)	1.626
Verkehrsnetz Fähren, Linienanzahl	6
Personal	12.224

als Untergrundbahn, weil es in der Bevölkerung wenig Akzeptanz für Hochbahnstrecken mitten in der Stadt gab. Zur Fortführung der Strecke von Stralauer Tor nach Charlottenburg musste der Bahnhof Gleisdreieck gebaut werden Die Strecke zum Potsdamer Platz blieb zunächst ein Seitenarm. Bereits diese erste U-Bahn-Strecke kam nicht ohne besondere Hoch- und Kunstbauten aus, die noch heute die Aufmerksamkeit auf sich ziehen, so die Hochbahnbrücke am Deutschen Technik-Museum und über den Landwehrkanal mit einer Stützweite von 71,5 m und die Hausdurchfahrt zwischen Trebbiner und Luckenwalder Straße, mit der der Abriss eines Wohnhauses verhindert wurde. Auch die Viadukte galten als architektonische Sehenswürdigkeit. Alle Stationen besaßen Außenbahnsteige und hatten bis zur Zerstörung im zweiten Weltkrieg teilweise prunkvolle Gebäude, von denen heute nur noch wenige etwas vom Glanz der alten Zeiten zeigen. Sie sind unter Denkmalschutz gestellt und in den achtziger Jahren weitgehend nach der historischen Vorlage wieder aufgebaut worden. Dazu gehören die Stationen Wittenbergplatz, Görlitzer Bahnhof und Schlesisches Tor, aber auch unterirdisch die U-Bahn-

Fahrzeuge der Sonderbauart sind zu sehen, wenn die Hauptwerkstatt der S-Bahn zu Ausstellungen einlädt.
Foto: R. Preuß

Stationen Märkisches Museum und Klosterstraße, bei der vom Bahnsteig aus ein altes Stellwerk und ein Teil des Kleinprofilwagens Nr. 12 sowie Zeichnungen auf Emailletafeln von historischen Berliner Fahrzeugen gesehen werden können. Nicht weit zurück liegt die Wiederherstellung der Station Warschauer Straße (früher Warschauer Brücke), die 1994 nach der Trennung im Jahre 1961 wieder an die Linie 1 angeschlossen wurde und seit dem 14. Oktober 1995 ihrem ursprünglichen Zweck dient.
Ein Juwel der U-Bahn-Linie 1 ist die Oberbaumbrücke über der Spree.

Am 17. August 1902 war die Verlängerung der U 1 von der Station Stralauer Tor zur Warschauer Brücke in Betrieb gegangen. Für die Spreeüberquerung entwarf Otto Stahn eine steinerne Brücke, die die bisherige Holzjochbrücke ersetzte und die U-Bahn-Linie und zugleich den Straßenverkehr aufnahm. Das recht protzig wirkende Bauwerk wurde im Krieg beschädigt und verfiel in den Nachkriegsjahren weiter, obwohl die DDR hier einen Grenzübergang für Personen eingerichtet hatte. Nun fahren die gelben U-Bahn-Züge über das ausgebesserte und geputzte Brückenbauwerk mit den beiden Schachfiguren

Eisenbahn ist in Berlin überall. Der ICE fährt über die Museumsinsel zwischen Pergamon- und Bodemuseum *Foto: DB AG/Schmied*

ähnlichen Brückentürmen im Rot der Klinker, ein feiner Farbkontrast.
Mit dem U-Bahnbau ging es in Berlin weiter, neue Linien kamen hinzu. Bis zum ersten Weltkrieg fuhren U-Bahn-Züge auf einer Betriebslänge von 35,6 km. Den Strecken nach 1923 gab man ein größeres Profil, so unterscheidet die Berliner U-Bahn heute noch zwischen „Kleinprofil"- und „Großprofil"-Linien. 1939 schreibt der Grieben-Reiseführer von 80,16 km U-Bahn, davon 63,31 km als Untergrund-, 11,08 km als Hochbahn- und 5,77 km als Einschnittbahn. Heute hat das U-Bahn-Netz eine Betriebslänge von 143,3 km. Die letzten Abschnitte gingen von Paracelsusbad bis Wittenau (24.9.1994), von Leinestraße bis Hermannstraße (13.7.1996) und der 391,5 m lange Abschnitt von Vinetastraße nach Pankow (16.9.2000), an dem in

drei Phasen seit 1988 gebaut wurde, in Betrieb.

In Berliner Luft

Berlin gilt zu Luft, zu Wasser und zu Lande als ein Drehkreuz. Die Zahl der Fluggäste, die Berlin als Anschlusspunkt wählt, ist derzeit im Vergleich zu anderen Flugkreuzen bescheiden, jedoch registrierte Berlin im Jahr 2005 17 Millionen Fluggäste und steht damit auf dem 3. Platz deutscher Flughäfen. Das soll mit dem Ausbau des Flughafens Schönefeld zum Flughafen Berlin-Brandenburg International (BBI) gesteigert werden. Der Flughafen jenseits der Stadtgrenze war der Flughafen für Ost-Berlin. Für Berlin sind drei Flughäfen in Betrieb, neben Schönefeld noch Tempelhof mitten in der Stadt und im Norden, auch auf Stadtgebiet, der nach Otto Lilienthal benannte Flughafen in Tegel. Auf dem einstigen Schießplatz landete 1909 Graf Zeppelin mit dem Luftschiff LZ 3. Als Zivilflughafen wird Tegel seit 1960 benutzt. An der Zufahrt steht die Skulptur „Wolkentor“ von Heinrich Brummack.
Tempelhof ist seit 1923 in Betrieb. Hier steht zur Erinnerung an die 1949 beendete Berlin-Blockade das von Eduard Ludwig 1951 aufgestellte Luftbrückendenkmal, von den Berlinern sarkastisch „Hungerharke“ genannt.

Der große Bahnumbau

Zur Eisenbahn schreibt der 2000er Baedeker noch, von der Bedeutung Berlins als europäisches Verkehrskreuz sei wenig geblieben, fehlte es bis 1998 an einer attraktiven Verbindung durch die Stadt, begann der Zugverkehr von bescheidenen Bahnhöfen an der Peripherie. Inzwischen änderte sich die Situation schon grundlegend. Modernisiert ist die Stadtbahn, sind die Bahnhöfe Ostbahnhof und Lichtenberg, neu gebaut der Bahnhof in Spandau. Mitten in Berlin, am Potsdamer Platz entstand der neue Regionalbahnhof. Gesundbrunnen und Südkreuz (Papestraße) wurden Regional- und ICE-Stationen. Im Jahre 2006 öffnete in Nähe des Regierungsviertels der neue Hauptbahnhof als größter und modernster Kreuzungsbahnhof

Als Hauptkirche des Berliner Protestantismus ließ Kaiser Wilhelm II den Berliner Dom von 1894 bis 1905 bauen. Die Kriegsbeschädigungen wurden 1974/82 mit geringen Veränderungen am Bauwerk beseitigt. *Foto: DB AG/Lautenschläger*

Europas. Zur Eisenbahn in Berlin gehört die S-Bahn, die sich nach rigiden Einschnitten zum beliebten Unternehmen mausert und zur Stadt gehört. Es gibt jedoch nicht nur schöne Bilder von der Eisenbahn in Berlin, nicht nur der Krieg hat Lücken hinterlassen, es gibt auch unfeine Ecken und Verfall. Manche Umbauten unterblieben, weil das Geld fehlte. Berlin als Eisenbahnstadt, das Bild trifft nur für den Personenverkehr zu. Wie in anderen Städten der Bundesrepublik Deutschland wanderte auch in Berlin der Güterverkehr auf Straßen und Autobahnen ab.

So sind mehrere Güter- und Rangierbahnhöfe mit einst lebhaftem Ablauf- und Rangierbetrieb zu ruhigen Orten geworden oder sogar gänzlich verschwunden.

Merkwürdiges bei der Berliner U-Bahn

Lange Zeit sperrte sich die Stadtverwaltung gegen eine Bahn im Untergrund und erlaubte sie als Hochbahn zwischen Warschauer Brücke und Bülowstraße deshalb, weil da die Bahn bloß das Armenviertel störte. Als die Bahn auf der vornehmen Tauentzinstraße gebaut werden sollte, wurde sie nur als Unterpflasterbahn genehmigt. Die Hochbahnstrecke Schönhauser Allee dagegen ist den schwierigen Bauverhältnissen am Spittelmarkt, wo die U-Bahn-Station wegen des Untergrundes auf Pfählen gegründet werden musste, zu verdanken. Wie das? Die Hochbahn wollte nicht nur teuer bauen und brauchte, um einen günstigen Durchschnittswert zu erzielen, auch einen billigen Abschnitt, der der Schönhauser Allee zugemutet wurde. Diese Hochbahnstrecke wurde manchmal als Magistratsschirm bezeichnet.
Die U-Bahn-Station Spittelmarkt besitzt eine Fenstergalerie zur Spree, die nach kriegsbedingtem Verschluss erst 2004 wieder geöffnet wurde.
Die Berliner U-Bahn-Stationen sind in der Regel einfach gehalten. Nicht die Station Märkisches Museum (früher Inselbrücke). 6,50 Meter tief erlaubte man sich, eine Station mit Bogen zu bauen und bei ihr auf Stützen zu verzichten wie bei der Station Kreuzberg (heute Platz der Luftbrücke). Eine ähnliche Situation wie bei der Station Inselbrücke ergab sich bei der Station Heidelberger Platz, die unter dem Südring der S-Bahn recht großzügig angelegt wurde.
Schöneberg gehörte 1903 noch nicht zu Berlin und glaubte, eine U-Bahn betreiben zu müssen. 1910 besaß diese Stadt tatsächlich eine, als Unterpflasterbahn vom Nollendorfplatz zur Hauptstraße (heute Innsbrucker Platz) und völlig losgelöst von anderen Linien. Nur die Fußgänger stellten auf einem Übergang zur Linie Leipziger Platz–Knie die Verbindung her. Die Schöneberger U-Bahn war die erste kommunale in Deutschland.
Gleisdreieck heißt die Station heute noch, obwohl sie nach Umbau 1912 als Zweigeschosser mit getrennten Strecken liegt, von einer nur betrieblich genutzten Verbindung mal abgesehen. Mit dem Gleisdreieck behinderten sich die Züge im dichter werdenden Betrieb gegenseitig. Vorher kam es noch zu einem großen Unglück. Ausgelöst durch eine Flankenfahrt, stürzte am 26. September 1908 ein Wagen von den Hochgleisen herab. 18 Tote und viele Schwerverletzte waren

Die prächtige Oberbaumbrücke trägt den U-Bahn- und Straßenverkehr, vielleicht auch einmal die Straßenbahn, die Gleise dafür sind bereits verlegt. *Foto: Reiner Preuß*

Inbetriebnahmen und Schließungen (mit den heutigen Stationsbezeichnungen)

18.2.1902: * Stralauer Tor–Potsdamer Platz 11.3.1902: * Potsdamer Platz–Zoologischer Garten 25.3.1902: * Möckernbrücke–Bülowstraße (–Zoologischer Garten) 17.8.1902: * Stralauer Tor–Warschauer Brücke 14.12.1902: * Zoologischer Garten–Ernst-Reuter-Platz 14.5.1906: * Ernst-Reuter-Platz – Richard-Wagner-Pl. 29.3.1908: * Deutsche Oper–Theodor-Heuss-Pl. 1.10.1908: * Potsdamer Platz–Spittelmarkt 1.10.1910: * Nollendorfplatz–Innsbrucker Platz 3.11.1912: * umgebauter Bahnhof Gleisdreieck 8.6.1913: * Theodor-Heuss-Platz – Olympia-Stadion 1.7.1913: * Spittelmarkt–Alexanderplatz 27.7.1913: * Alexanderplatz–Schönhauser Allee 12.10.1913: * Wittenbergplatz–Uhlandstraße, Wittenbergplatz–Thielplatz 20.5.1922: * Bahnhof Neu-Westend 30.1.1923: * Zinnowitzer Straße–Hallesches Tor 8.3.1923: * Seestraße–Zinnowitzer Straße 19.4.1924: * Hallesches Tor–Gneisenaustraße 14.12.1924: * Gneisenaustraße–Südstern 14.2.1926: * Mehringdamm–Platz der Luftbrücke 11.4.1926: * Südstern–Karl-Marx-Straße 24.10.1926: * Gleisdreieck–Kurfürstenstraße–Wittenbergplatz 17.7.1927: * Boddinstraße–Schönleinstraße 10.9.1927: * Platz der Luftbrücke–Paradestraße 12.2.1928: * Schönleinstraße–Kottbusser Tor 6.4.1928: * Kottbusser Tor–Heinrich-Heine-Straße 4.8.1929: * Boddinstraße–Leinestraße 22.12.1929: * Paradestraße–Tempelhof; * Olympia-Stadion–Ruhleben; * Thielplatz–Krumme Lanke 18.4.1930: * Heinrich-Heine-Straße–Gesundbrunnen 29.6.1930: * Schönhauser Allee–Vinetastraße 21.12.1930: * Karl-Marx-Straße–Grenzallee; * Alexanderplatz–Friedrichsfelde 10.3.1945: Station Osthafen geschlossen 8.2.1952: * Tunnelstrecke („Klostertunnel") beim Bahnhof Klosterstraße zwischen den Linien U2 und U5 zum Austausch von Kleinprofilwagen 3.5.1956: * Seestraße–Kurt-Schumacher-Platz 31.5.1958: * Kurt-Schumacher-Platz–Tegel 1.6.1959: Station Nürnberger Platz geschlossen 2.6.1959: * Bahnhof Spichernstraße 8.5.1961: * Bahnhof Augsburger Straße 13.8.1961: Unterbrechung der Ost-West-Linien 28.8.1961: * Leopoldplatz–Spichernstraße 2.9.1961: * Bahnhof Kurfürstendamm 28.9.1963: * Grenzallee–Britz Süd 28.2.1966: * Mehringdamm-Möckernbrücke 2.1.1970: * Britz Süd–Zwickauer Damm 2.5.1970: Deutsche Oper–Richard-Wagner-Platz eingestellt 29.1.1971: * Möckernbrücke–Fehrbelliner Patz; Spichernstraße–Walther-Schreiber-Platz 1.1.1972: Einstellung Wittenbergplatz–Bülowstraße–Gleisdreieck 1.7.1972: * Zwickauer Damm–Rudow 25.6.1973: * Friedrichsfelde–Tierpark 30.9.1974: * Walther- Schreiber-Platz–Rathaus Steglitz 30.6.1976 * Leopoldplatz – Osloer Straße 5.10.1977: * Gesundbrunnen–Osloer Straße 13.12.1977: Automatischer Zugbetrieb auf der Linie U9 eingeführt 28.4.1978: * Fehrbelliner Platz–Richard- Wagner-Platz; * Bahnhof Bismarckstraße 1.10.1980: * Richard- Wagner-Platz–Rohrdamm 4.5.1981: Automatischer Zugbetrieb auf der Linie U4 eingeführt 1.10.1984: * Rohrdamm–Rathaus Spandau 27.4.1987: * Osloer Straße–Paracelsusbad 1.7.1988: * Friedrichsfelde–Elsterwerdaer Platz 1.7.1989: * Elsterwerdaer Platz–Hönow 13.11.1993: Mohrenstraße–Gleisdreieck – Wittenbergplatz wieder in Betrieb genommen 24.9.1994: * Paracelsusbäd–Wittenau 14.10.1995: Schlesisches Tor–Warschauer Straße wieder in Betrieb genommen 13.7.1996: * Leinestraße–Hermannstraße 31.10.1998: * Bahnhof Mendelssohn-Bartholdy-Park 16.9.2000: * Vinetastraße–Pankow

* = Eröffnung

Heutige Bezeichnung/Frühere Bezeichnung Bergstraße/Karl-Marx-Straße Ernst-Reuter-Platz/Knie Hasenheide/Südstern Heinrich-Heine-Straße/Neanderstraße Innsbrucker Platz/Hauptstraße Märkisches Museum/Inselbrücke Mehringdamm/Belle-Allianz-Platz Olympia-Station/Stadion Paradestraße/Flugplatz Platz der Luftbrücke/Kreuzberg Potsdamer Platz/Leipziger Platz Rosa-Luxemburg-Platz/Schönhauser Tor Schönhauser Allee/Nordring Stadtmitte/Friedrichstraße Theodor-Heuss-Platz/Reichskanzlerplatz Vinetastraße/Pankow

zu beklagen. Der tragische Zwischenfall beschleunigte die Umbauplanung.
Die als Kaufhaus-Bahnhof bezeichnete U-Bahn-Station Hermannplatz wurde 1926 zum ersten so genannten Turmbahnhof Deutschlands, da hier auf zwei Ebenen zwei Strecken kreuzen. Die Baukosten des Bahnhofs trug die Firma Karstadt, wurde doch von jedem Bahnsteig aus ein direkter Zugang ins Warenhaus gebaut. Ladenpassagen am Übergang zwischen den Bahnsteigen soll es zuerst bei der Station Alexanderplatz gegeben haben.
Dass aus Platzmangel die Bahnsteige unterirdisch in zwei Ebenen angelegt werden, kommt vor, in Berlin zuerst bei der Station Nollendorfplatz, wo zwei identisch aussehende Bahnsteige übereinander liegen. Ähnlich ist der Bahnhof Bundesplatz gebaut, bei dem ein Autotunnel einen Inselbahnsteig verhinderte.
Weil Platz für Kehrgleise zum Wenden der Züge bei der Hochbahnstation Nordring fehlte, wurde 1930 das Gleis mit einer Rampe verlängert, damit es unterirdisch liegt. So entstand die neue Station Pankow.
Was hatte die Berlin U-Bahn mit der Moskauer Metro namens W. I. Lenin gemeinsam? Die Wagen. Proteste in Berlin verhinderten nicht die Beschlagnahme von 120 Wagen in Friedrichsfelde, die als Reparationsgut 1949 auf die Moskauer Linie Kalininskaja–Filjovskij Park kamen und dort bis 1966 fuhren.
Der U-Bahnhof Thielplatz besitzt zwei gleich aussehende Ausgänge. Einer ist jedoch nachträglich für die Studenten der Freien Universität gebaut worden. Da fragt man sich: Was ist Original und was „Fälschung"?
Die Berliner U-Bahn fährt unterirdisch, durch offene Einschnitte und als Hochbahn, aber auch auf Dämmen, zum Beispiel zwischen Kurt-Schumacher-Platz und Holzhauser Straße. Berlin hatte Geisterbahnhöfe. So hießen Stationen, die zwar befahren wurden, aber bei denen Ein- und ausstieg verboten war. Zurückzuführen war das auf den so genannten Maron-Befehl. Der Innenminister der DDR ließ mit dem Mauerbau 1961 U-Bahn-Stationen in Ost-Berlin schließen und teilweise zumauern. Für die Fahrgäste von West-Berlin fuhren dennoch die Züge.
U-Bahn und S-Bahn am gleichen Bahnsteig, das gibt es nicht nur in Neuperlach Süd (bei München), sondern auch in Berlin als Station Wuhletal.
An der Wand der U-Bahn-Station Hermannstraße befindet sich hinter Glas ein Schild „Raum 10 46 Personen" und ist Beleg aus den Kriegsjahren 1943/45. Die Station gab es noch nicht, jedoch unterirdische Räume als Bunker, der Schutz vor Bombenabwürfen bieten sollte.
Mit den Namen macht es sich die Berliner U-Bahn nicht einfach. Gemeint sind nicht allein die fortwährenden Um- und Rückbenennungen, auch muss sich mitunter der Sprecher mühen. Geht Ihnen die Bezeichnung „Zinnowitzer Straße" leicht über die Lippen ? Oder „Elsterwerdaer Platz"? Der Berliner bedient sich der Kurzform: „Elsterplatz". Eine Station heißt „Karl-Bonhoeffer-Nervenklinik". Die Stationsanzeige im Wagen lässt das Wort „Nerven" weg, der Name ist so schon lang genug.
Berlin besitzt ein U-Bahn-Museum – in der Station Olympia-Stadion. Da steht das in Europa bis 1983 größte elektromechanische Stellwerk aus dem Jahre 1931 für 103 Weichen und 616 Fahrstraßen.

„Elektrische“ der Superlative

Das Straßenbahn-Netz der Berliner Verkehrsbetriebe

Die Geschichte der deutschen Straßenbahnen orientiert sich eng an der Geschichte des Berliner Nahverkehrs. Im Juni 1865 fuhr die erste deutsche Pferdebahn zwischen Berlin (Brandenburger Tor) und Charlottenburg.
1879 ließ Werner Siemens in Moabit die erste elektrische Lok fahren, ihr folgte 1881 die erste elektrische Straßenbahn in Lichterfelde. Fortan war die Elektrizität auf dem Vormarsch. Von 1896 bis 1902 elektrifizierte die AEG das gesamte innerstädtische Netz. 1920 entstand dann durch Eingemeindungen Groß-Berlin und damit ein einheitlicher Straßenbahnbetrieb. Diesen führte Ende 1928 der damalige Verkehrsstadtrat Ernst Reuter mit Bus und U-Bahn zu den Berliner Verkehrsbetrieben (BVG) zusammen.
Die Teilung Deutschlands und Berlins brachte 1949 die Teilung auch des Verkehrsbetriebes – ein Schicksal, das kein anderes deutsches Straßenbahnunternehmen erleben musste. Die Folgen der Trennung schlugen sich nachhaltig im Verkehrswesen nieder: 1967 verabschiedete der Westteil seine Straßenbahn, um vorerst U-Bahn und Bus zu huldigen, während im Ostteil ähnliche Absichten wirtschaftlich nicht umsetzbar waren und ab 1975 ein stetiger Netzausbau stattfand, vor allem in die Neubaugebiete Marzahn, Hohenschönhausen und Hellersdorf.
Seit der Wiedervereinigung gehören getrennte Wege der Geschichte an. Nach wie vor besteht der größte Straßenbahnbetrieb der Republik in Berlin, obwohl er sich bisher erst recht zaghaft in die westlichen Bezirke vortastet.

i Erster Verkehrstunnel in Berlin

Für Berlin gilt 1902 als das Geburtsjahr der Untergrundbahn. Ganz stimmt das nicht. bereits im Jahre 1899 fuhr eine elektrische Bahn im Untergrund, war jedoch eine Straßenbahn. Seinerzeit traute die Öffentlichkeit nicht den Vorschlägen der Firmen, Bahnen unterirdisch fahren zu lassen, weil – so die verbreitete Meinung – der in Berlin allgegenwärtige Schwemmsand stabile Tunnel nicht zulasse. Die „Gesellschaft zum Bau von Untergrundbahnen“ baute, um einen Beweis für ihre Angebote zu liefern, im „Schildvortriebverfahren“ einen Tunnel unter der Spree zwischen Alt-Stralau nach Treptow, indem hydraulisch eine Unterdruckkammer durch den Boden getrieben wurde. Der gewonnene Raum erhielt Ringe aus Gusseisen.
Am 18. Dezember 1899 fuhr erstmals die Straßenbahn vom Schlesischen Bahnhof nach Alt-Stralau. 1932 stellte man den Straßenbahnverkehr ein, der Tunnel blieb für die Fußgänger. Nach einem Bombentreffer am 3. Februar 1945 soff der Tunnel ab, die Eingänge wurden erst 1968 zugeschüttet. Eine Gesellschaft wollte ihn wieder betreiben, pumpte ihn 1997 auf Stralauer Seite leer. Es fehlte ihr jedoch für die Weiterarbeit das Geld. Der Eingang auf Treptower Seite lag am Parkplatz bei der Gaststätte „Eierschale-Zenner“.

Mehrere Neubaustrecken haben zu einer Vergrößerung des Liniennetzes beigetragen, weitere Ausbauten sind geplant.
Herausragende Ereignisse waren die schrittweise Verlängerung in den Bezirk Wedding zwischen 1995 und 1997 und damit die Rückkehr der Straßenbahn in die ehemaligen „West"-Bezirke sowie der Wiederanschluss des Alexanderplatzes Ende 1998. Es gibt in Berlin zahlreiche faszinierende Fotomotive, wenn auch die Freunde älterer Technik zu spät kommen – zumindest, was den Plandienst betrifft. Seit 1998 sind ausschließlich modernisierte Tatras und neue Niederflurwagen im Einsatz, die sich mit ihrer gelben Lackierung von den Vorgängertypen deutlich unterscheiden. Im Jahre 2006 will die BVG neue Fahrzeuge europaweit ausschreiben, um die in der Instandsetzung teuren Tatrazüge ausmustern und dafür moderne Fahrzeuge anbieten zu können.
Während der wärmeren Jahreszeit wird monatlich eine Themenfahrt mit historischen Wagen angeboten. An den Sonnabenden empfiehlt sich ein Besuch der Wagenhalle Schmöckwitz (Linie 68). Hier stehen ausgewählte historische Wagen, von denen einige restauriert werden. Der größte Teil der Sammlung befindet sich in Niederschönhausen, hier wird um Voranmeldung gebeten.
Einen Besuch lohnen stets die Außenstrecken in Pankow und Köpenick.
Die neuen Gleise über den Alexanderplatz und rund um den Hackeschen Markt üben ebenfalls einen unwiderstehlichen Reiz aus Nach einigen Jahren Abstinenz fährt man zudem wieder planmäßig mit Zweirichtungswagen: Am U-Bahnhof Warschauer Straße wird über eine Spitzkehre gewendet, eine spätere Verlängerung dieser Strecke ist angestrebt.
Weitere baureife Projekte schlummern in den Schubladen. So soll der neue Hauptbahnhof einen Straßenbahnanschluss erhalten. Ebenso wurden in der Leipziger Straße wieder Gleise für eine künftige Neubaustrecke verlegt. Eine Rückkehr der besonderen Art:
Hier fuhr bis 1970 schon einmal eine Straßenbahn, vor dem Zweiten Weltkrieg war dies die am stärksten befahrene Straßenbahnstrecke in Berlin überhaupt.

i Info Zahlen + Daten

Eröffnet	22.6.1865 (Pferdebahn) 16. Mai 1881 (elektr. Bahn) 5. Mai 1886 (Dampfbahn)
Spurweite	1.435 mm
Streckenlänge	187,7 km
Linienlänge	285,5 km
Triebwagen	537 Davon 387 Triebwagen Tatra KT4D, 150 Niederflur
Beiwagen	64 (Tatra)
Sonderfahrzeuge	1 Bar-Triebwagen
Historische Fahrzeuge	30 Triebwagen, 20 Beiwagen
Fahrgastzahl	906 Mio (Jahr) (Verkehrsbetrieb gesamt)
Mitarbeiter	12.224 (2004; VB ges.)
Info	Berliner Verkehrsbetriebe Potsdamer Straße 188,10783 Berlin Tel. (030) 1 94 99 (Callcenter) Internet: www.bvg.de
Historische Fahrzeuge	Denkmalpflege-Verein Nahverkehr Berlin e.V. Nalepastraße 215,12459 Berlin Tel. (030) 725 63 38 80 od. (030) 770 52 949 Internet: www.dvn-berlin.de

Berlin

Straßenbahnnetz bis 11.12.2004/ MetroTram- und Straßenbahnnetz ab 12.12.2004

20	Fahrtroute einer Straßenbahnlinie, bis 11.12.2004
M1	Endstelle einer MetroTram-Linie, ab 12.12.2004
M1	Fahrtroute einer MetroTram-Linie, ab 12.12.2004
12	Endstelle einer Straßenbahnlinie, ab 12.12.2004
12	Fahrtroute einer Straßenbahnlinie, ab 12.12.2004

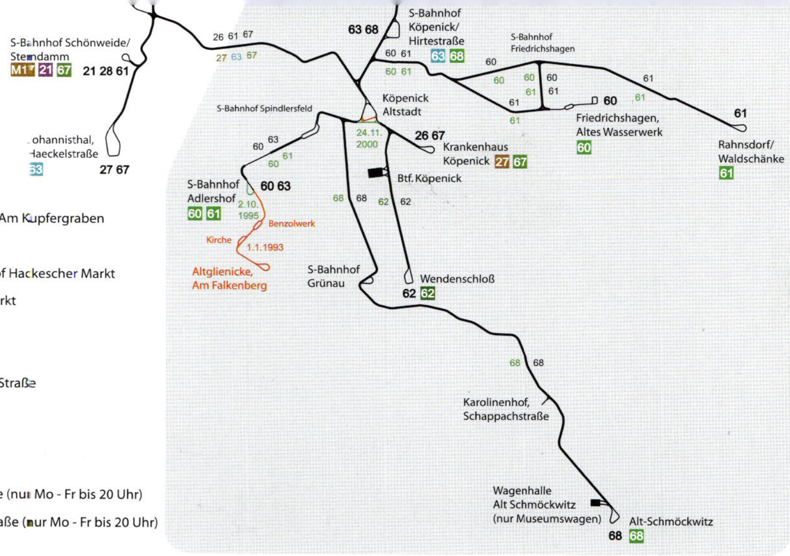

ca. 1 km

W. Kaiser, 11.04

MetroTram- und Straßenbahnlinien ab 12.12.2004:

M1	Rosenthal Nord bzw. Niederschönhausen, Schillerstraße - Mitte, Am Kupfergraben
M2	Heinersdorf - S-Bahnhof Hackescher Markt
M4	Hohenschönhausen, Zingster Straße bzw. Falkenberg - S-Bahnhof Hackescher Markt
M5	Hohenschönhausen, Zingster Straße - S-Bahnhof Hackescher Markt
M6	Hellersdorf, Risaer Straße - U-Bahnhof Schwarzkopffstraße
M8	Ahrensfelde - U-Bahnhof Schwarzkopffstraße
M10	Prenzlauer Berg, Eberswalder Straße - S+U-Bahnhof Warschauer Straße
M13	Wedding, Virchow-Klinikum - S-Bahnhof Warschauer Straße
M17	Falkenberg - S-Bahnhof Schöneweide
12	Weißensee, Pasedagplatz - Mitte, Am Kupfergraben
16	Ahrensfelde - S+U-Bahnhof Frankfurter Allee/Scharnweberstraße (nur Mo - Fr bis 20 Uhr)
18	Hellersdorf, Risaer Straße - S+U-Bahnhof Lichtenberg/Gudrunstraße (nur Mo - Fr bis 20 Uhr)
21	S+U-Bahnhof Lichtenberg - S-Bahnhof Schöneweide
27	Weißensee, Pasedagplatz - Krankenhaus Köpenick
50	Französisch Buchholz, Guyotstraße - Prenzlauer Berg, Björnsonstraße (Mo - Fr bis 20 Uhr und Sa 9-15 Uhr bis Wedding, Virchow-Klinikum)
60	S-Bahnhof Adlershof - Friedrichshagen, Altes Wasserwerk
61	S-Bahnhof Adlershof - Rahnsdorf/Waldschänke (So - Do nur bis 20 Uhr)
62	Wendenschloß - S-Bahnhof Mahlsdorf
63	Johannisthal, Haeckelstraße - S-Bahnhof Köpenick
67	S-Bahnhof Schöneweide - Krankenhaus Köpenick (nur Mo - Sa bis 20 Uhr)
68	S-Bahnhof Köpenick - Alt-Schmöckwitz

Berlin-Spandau

Berliner Fernbahnhöfe

Oberhalb des Spreebogens, am Humboldthafen, findet man den Hauptbahnhof in der Stadtmitte. Der wichtigste Bereich dieses Bahnhofs liegt unterirdisch. Foto: DB AG

Die wichtigsten Bahnknotenpunkte

Von Zehlendorf aus eroberte die Eisenbahn das preußische Berlin. Auf der ersten Strecke Preußens begann der Bahnbetrieb am 22. September 1838 zwischen Potsdam und diesem Zehlendorf, damals eine Gemeinde außerhalb Berlins. Am 29. Oktober 1838 war die Gesamtstrecke von 26,12 km Länge bis Berlin eröffnet. Der Bahnhof für Berlin befand sich auf freiem Feld vor der Stadtmauer am Potsdamer Tor. Weitere Strecken folgten:

1.7.1841	Berlin Anhalter Bahnhof–Lichterfelde Süd	11,56 km
1.8.1842	Berlin Stettiner Bahnhof–Bernau	22,99 km
23.10.1842	Berlin Schlesischer Bahnhof–Frankfurt (Oder)	81,20 km
23.10.1842	Berlin Schlesischer Bahnhof (Güterbahnhof)–Rummelsburg (Gütergleis)	3,75 km
15.10.1846	Berlin-Moabit–Nauen	32,68 km

Die hier angeführten Strecken wurden verlängert, so dass Berlin mit fünf Fernbahnen in Verbindung zu zahlreichen großen Städten stand. Jede Bahn besaß ihren Berliner Endbahnhof als Kopfbahnhof, vier von fünf vor den Stadttoren. Seit 1851 verband ein Schienenweg die fünf Bahnhöfe – allerdings nur für den Güterverkehr. Der Reisende musste sehen, wie er zwischen Kopfbahnhöfen wechselte. Die Berlin-Görlitzer Eisenbahn vom Görlitzer Bahnhof in Berlin bis Cottbus (87,05 km) ging erst am 13. September 1866 in Betrieb. Am 1. Oktober 1867 fuhren die ersten Züge auf der Strecke zwischen dem Berliner Ostbahnhof und Gusow, der Abschnitt Gusow – Kietz war schon ein Jahr vorher fertig geworden, so dass Zugverbindungen von Berlin aus in Richtung Ostpreußen möglich wurden, ohne den Weg über Frankfurt (Oder) benutzen zu müssen. Die Endbahnhöfe erhielten repräsentative Empfangsgebäude, und endlich war 1871 eine nun auch dem Personenverkehr dienende Ringbahn fertig, die das Wechseln von Kopfbahnhof zu Kopfbahnhof erleichterte. Zu jener Zeit fuhr der Berliner vom Potsdamer, Anhalter, Stettiner, Schlesischen, Hamburger, Dresdner, Frankfurter, Görlitzer und Lehrter Bahnhof in die weite Welt. Berlin fehlte immer der Zentralbahnhof. Stationen der Stadt- und Ringbahn waren als Ganzes der virtuelle Zentralbahnhof. Nach den gewaltigen Zerstörungen im Zweiten Weltkrieg verlagerte sich der Fernverkehr auf andere Bahnhöfe. Die Züge hielten am Bahnhof Zoologischer Garten, am Ostbahnhof, am Bahnhof Charlottenburg, in Schöneweide und im Bahnhof Lichtenberg. Heute sind es Berlin Hauptbahnhof, Zoologischer Garten, Ostbahnhof, Charlottenburg, Spandau, Lichtenberg und auch Wannsee, die als Fernbahnhöfe gelten, mancher nur mit Regionalverkehr.

Und was wurde aus den stillgelegten Fernbahnhöfen? Dem Görlitzer Bahnhof verblieben seit 1886 meist nur die Vorortzüge nach Königs Wusterhausen, da die Fernzüge immer wieder statt zum Görlitzer Bahnhof auf die Ringbahn geleitet wurden, zuletzt 1946. Im Krieg waren der Bahnhof und das Bahnbetriebswerk stark beschädigt worden. Mit der Elektrifizierung für die S-Bahn von Berlin-Grünau nach Königs Wusterhausen verlor er 1951 noch den Vorortverkehr. Der Görlitzer Bahnhof wurde am 1. De-

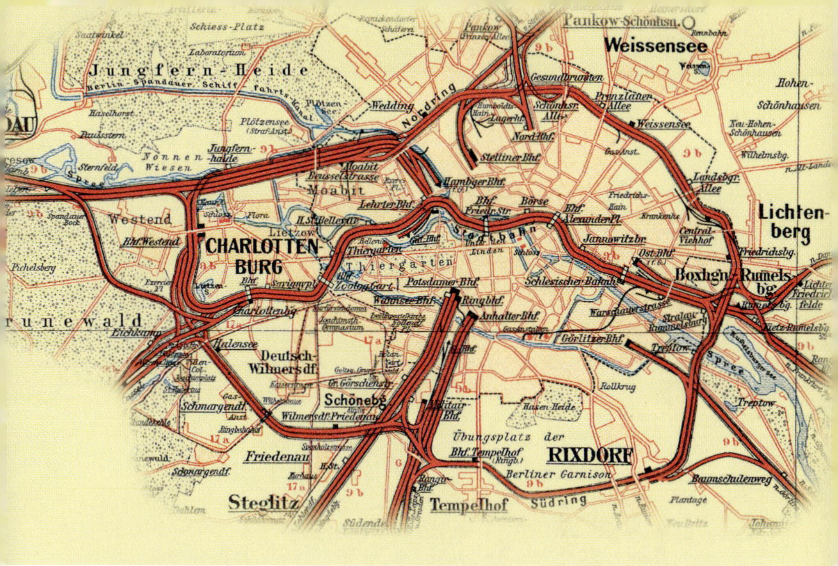

Berlin und seine Bahnhöfe kurz nach der Jahrhundertwende. Gut erkennbar ist die Struktur des Netzes mit Ring- und Stadtbahn und den vielen Kopfbahnhöfen *Sammlung Clemens Hahn*

zember 1958 stillgelegt und zwischen 1958 und 1962 mit der Beseitigung von Resten des Empfangsgebäudes zu einer Parkanlage umgestaltet. Ein Hügel zeigt, dass es hier ein Bauwerk gab. Doch als Güterbahnhof bestand er noch bis 1985 und wurde von 1961 an vom in West-Berlin liegenden Güterbahnhof Treptow aus bedient. Den Namen trägt weiterhin eine U-Bahn-Station.

Der unter Denkmalschutz stehende Lehrter Stadtbahnhof musste dem Bau des Hauptbahnhofs weichen. Es bleibt nur noch die Erinnerung an ihn. *Foto: Bodo Schulz*

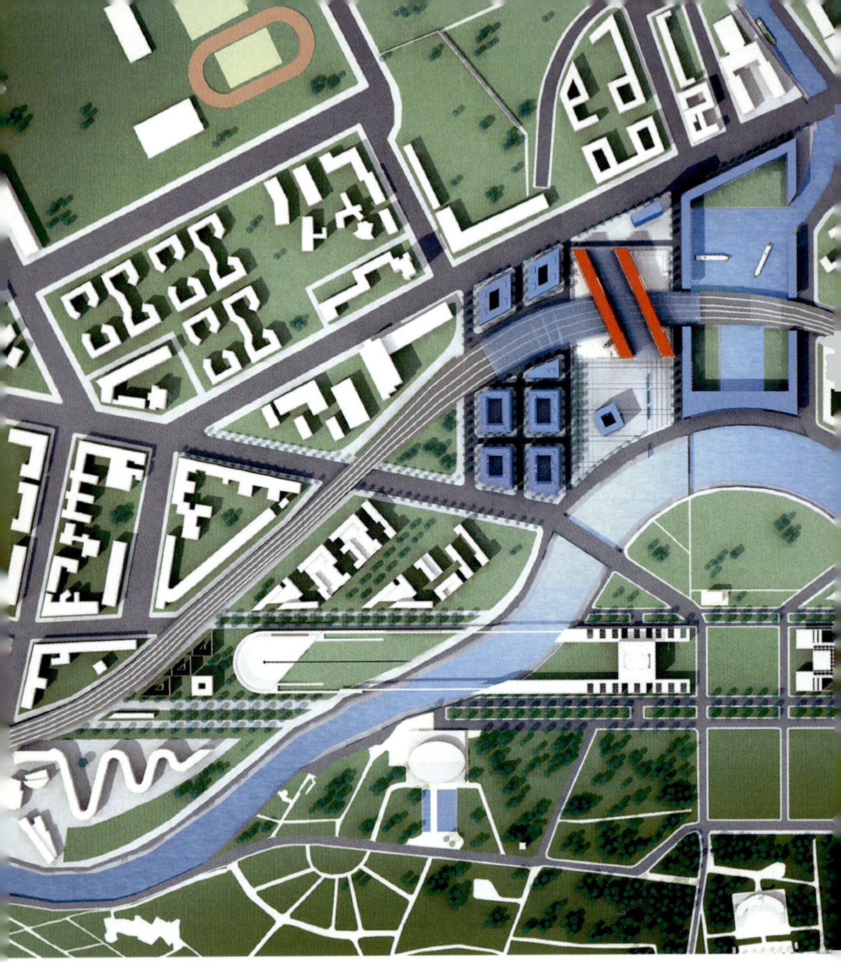

Hauptbahnhof (Berlin Lehrter Bahnhof)

Als spektakulärster Eisenbahnbau in Berlin gilt der neue Zentralbahnhof (Technischer Leiter beim Bau seit 2001: Hany Azer). In Umfragen wollten Berliner den Namen „Lehrter Bahnhof" beibehalten, die DB nannte ihn zuerst „Hbf/Lehrter Bahnhof", jetzt heißt er nur „Hauptbahnhof".

Nach dem Ersten Spatenstich durch den damaligen Bundeskanzler Kohl am 13. Oktober 1995 begannen die Erdarbeiten für den neuen Lehrter Bahnhof (Grundsteinlegung am 9. September 1998), der im Jahre 2006 an der Invalidenstraße auf dem Stiel des gedachten Eisenbahn-Pilzes als Hauptbahnhof für Berlin steht. Mit nichts an den alten Lehrter Bahnhof erinnernd, entstand weitgehend nach Entwürfen des Hambur-

Der Clou am Hauptbahnhof sind die zwei Bügel, die über der Halle liegen und als Bürotürme ausgebaut werden.
Die Übersichtskarte zeigt, wie sich das neue Bauwerk in der Umgebung „macht".
Beide Abbildungen: DB AG

ger Architektenbüros Gerkan, Mark und Partner auf fünf Ebenen ein vollkommen neuer Bahnhof in Nähe des Regierungsviertels. Der untere Bahnhofsteil liegt in 15 m Tiefe mit acht Gleisen und vier Bahnsteigen. Fern- und Regionalzüge fahren in der Nord-Süd-Richtung durch vier, 700 m lange, innen 7,85 m hohe Tunnelröhren. Die Tunnel für die Eisenbahn, den Straßenverkehr (B 96) und die U-Bahn verschonen das hochwertige Stadtzentrum und den historischen Tiergarten als große Berliner Grünanlage vom dichten Verkehr (Baukosten der Nord-Süd-Verbindung zwischen Nordring–Hauptbahnhof–Papestraße: ca. 3 Mrd. €). Die etwa 3 425 m Tunnelstrecke der Nord-Süd-Fernbahn entstand in unterschiedlicher Bauweise:

- die Rampenstrecke mit Hilfe von sechs Senkkästen
- vier Tunnelröhren zwischen Landwehrkanal und Potsdamer Platz mit Schildvortrieb auf 580 m
- der Bahnhof Potsdamer Platz in offener Sohle-Wand-Bauweise, jedoch ein Tunnelblock als Senkkasten
- die Unterquerung des Tiergartens auf 710 m in vier eingleisigen Tunnel-

Eine ingenieurtechnische Meisterleistung: In zwei Nächten wurden die Stahlkolosse abgesenkt, so dass sie sich millimetergenau zu zwei Bügeln vereinten. (Situation 30.7.05, 23 Uhr)
Foto: DB AG / Reiche

Die Bügel liegen waagerecht über der Ost-West-Halle und werden mit Mehrzweckräumen ausgebaut. Zustand am 5.10.2005 Foto: Reiner Preuß

röhren durch Schildvortrieb mit der Startbaugrube vor dem Reichstag (Beginn am 13. Oktober 1995)
- die Unterquerung der Spree in offener Baugrube mit Hilfe der Flussumleitung
- der Tunnel südlich des Hauptbahnhofs im Spreebogen und Bahnhof in einer tiefen, offenen Baugrube.

Die 100 m breite, von Schiffen befahrene Spree ist während der Bauzeit um die offene Baugrube umgeleitet worden. Durch Unterspülen des Erdreichs wurden die Senkkästen von jeweils 37 m Länge und 60 m Breite und von bis zu 25 000 t Gewicht in den Boden abgesenkt, sechs südlich des Landwehrkanals. In zwei nördlichen Senkkästen begannen die Vortriebsmaschinen in Richtung Potsdamer Platz zu arbeiten. Unter der Spree entstand Deutschland größte monolithische Unterwasserbetonsohle, die als Tunneldecke mit 3 cm starken Stahlplatten geschützt wird, damit ein Ankerwurf den Tunnel nicht beschädigt. Weiterhin erhielt die U-Bahn mit der Station „Reichstag" einen 500 m langen und die Bundesstraße 96 einen 310 m langen Tunnel. Insgesamt 323.000 m^3 Boden wurden ausgehoben und per Eisenbahn und Schiff abtransportiert. 27.200 Tübbings sind für die einschaligen Tunnelröhen eingebracht worden. Die Ost-West-Strecke der Stadtbahn liegt im Bahnhofsbereich 25 m höher als die Tunnelbahnsteige und mit den Ferngleisen auf einer neuen, im Bogen verlaufenden Brücke über den Humboldthafen mit fünf zweigleisigen und zwei eingleisigen Tragwerken. 250 m ist die Brücke lang und weitet sich für den Bahnsteig von

So sahen die Zeichnungen aus, mit denen die DB AG dies ambitionierte Projekt vorstellte.

Montagearbeiten am Glasdach des Hauptbahnhofs *Foto: DB AG/Kirsche*

Und die feste Fahrbahn unterm Glasdach *Foto: DB AG/Jazbec*

39 m auf 66 m. Die Brücke besteht aus gegossenem und gewalztem Stahl mit Spannbetonüberbauten. Bisher wurden noch nie Stahlgussteile für Eisenbahnbrücken verwendet. Für die Züge und die S-Bahn auf der Stadtbahn gibt es im Hauptbahnhof drei Bahnsteige und eine 321 m lange Bahnhofshalle, in der Mitte mit 65 m Stützweite, an den Enden mit 45 m. Zudem liegt sie in der Krümmung, so dass kein Glassegment die gleiche Abmessung hat. Nur 58 mm starke Stahlseile und ein feines Tragwerk halten das Bauwerk mit 30 000 m^2 Glas, das doppelt eingesetzt wird, um die obere Bahnhofshalle vor zu starker Sonnenwärme zu

Info: Ebenen des Lehrter Bahnhofs

Ebene	Nutzer
+1	S-Bahn der Linien S 3, S 5, S 9 Ost-West-Verbindung für Fern- und Regionalzüge
0	Straßenbahnen, Busse, Taxi, Anlagen für den Bahnbetrieb und für Dienstleistungen
-1	S-Bahn Linie 21 (vorgesehen) Bahnhofshalle Tiefgarage Anlagen des Bahnbetriebs und für Dienstleistungen
-2	Nord-Süd-Gleise des Fern- und Regionalverkehr und für den Flughafenexpress nach Schönefeld U-Bahn-Linie U 5

Nach langer Diskussion steht der Name fest: Berlin Hauptbahnhof. Dennoch taucht ein zweiter Name auf: Lehrter Bahnhof. Es ist nicht immer einfach. *Foto: DB AG/Jazbec*

schützen. Das Nord-Süd-Dach hat die Länge von 210 m. Das von Ost nach West liegende trägt eine Solaranlage aus 780 Fotovoltaikmodulen mit 78 000 transparenten Solarzellen. Die erzeugen im Jahr 160 000 Kilowattstunden Strom. Das sind 2% des Stromverbrauchs für den Hauptbahnhof. Diese obere Halle liegt quer im Empfangsgebäude und ragt beiderseits wie eine gequetschte Banane aus den Glaskörpern der Bürohäusern heraus. Die Würzburger Firma Mero baute die recht komplizierte Bahnsteighalle. Markant für das Bahnhofsgebäude ist das viele Glas, das reichlich Licht in die Tiefe lässt. Dem befürchteten Hitzestau in der Bahnhofshalle wird begegnet, indem an mehreren Stellen geöffnete Flächen die Luftzufuhr regeln. Die Bahnsteige der Nord-Süd-Richtung liegen unter der Eingangshalle. Das Sonnenlicht fällt durch die Bodenöffnungen auf den unteren Bahnsteig. Doch ganz ohne Kunstlicht kommen die Bahnsteige nicht aus. In den Zwischengeschossen gibt es auf 15 000 m² Fläche zahlreiche Läden, so dass der Hbf als Verkehrskreuz zugleich ein Kaufhaus der anderen Art ist. Oberirdisch überspannen die Halle zwei 46 m hohe Gebäude für ein Hotel und für Büros.

54 Fahrtreppen und 32 Aufzüge erleichtern die Mühe des Wechsels zwischen dem unten und oben mit 27 m Höhenunterschied liegenden Bahnsteigen, denn der Hauptbahnhof ist das Umsteigekreuz für Züge in vier Himmelsrichtungen. Täglich fahren 160 Fern- und 310 Regionalzüge in den Bahnhof, außerdem 800 S-Bahn-Züge. Die meisten ICE benutzen die Tunnelstrecke. Oben kommen die von Köln und Frankfurt (Main) an. Die einst unter Denkmalschutz stehende S-Bahn-Station Lehrter Stadtbahnhof wurde 2002 abgerissen. An einer Straße im niedersächsischen Ort Lehrte stehen

Info: Das Pilzkonzept

Bei den Berliner Eisenbahnbauten ist immer wieder vom „Pilzkonzept" die Rede. Außerdem gibt es ein „Y-Modell", ein „Ringmodell" und ein „Achsenkreuz". Der im Jahre 1990 von Bundesregierung, Senat und Eisenbahn bevorzugte Pilz besteht aus dem Stiel, die Nord-Süd-Strecke mit der viergleisigen Verbindung Hauptbahnhof–Südkreuz–Teltow, angelehnt an die alte Anhalter Bahn, und aus der dicken Krempe. Das ist die Stadtbahn sowie der nördliche Ring von Nordkreuz bis kurz vor Spandau.

Die Stadtbahn funktioniert schon. Gebaut wurde bis 2006 an der Kappe für den Übergang vom Stiel auf den nördlichen Ring und auch am unteren Stiel. Das ist die Verbindung über Südkreuz in Richtung Leipzig und Dresden und der Bahnhof Südkreuz selbst. Zum oberen Teil des Stiels gehört der Tunnel unter dem Tiergarten. Der Pilz soll Fern- und Regionalbahnnetz intelligent verbinden.

die Lampen der Bahnsteigbeleuchtung. Der Lehrter Bahnhof, der dem neuen Zentralbahnhof – zumindest während der Planungs- und Bauphase – seinen Namen gab, wurde am 28. August 1951 stillgelegt und acht Jahre danach abgetragen.

Nicht weit vom heutigen Hbf hatte Berlin einen weiteren Bahnhof, den Hamburger. Das 1847 fertiggestellte Empfangsgebäude des Hamburger Bahnhofs (an der Invalidenstraße) und das benachbarte Direktionsgebäude der Berlin-Hamburger Bahn zeigen sich heute von ihrer besten Seite, wenn man vom Zuge aus zwischen Friedrichstraße und Hauptbahnhof nach Norden sieht. Das leer stehende Empfangsgebäude wurde nach Plänen von Josef Paul Kleihus im Auftrag der Neuen Nationalgalerie als Museum für Gegenwart hergerichtet. Der Hamburger Bahnhof war nur bis 1884 in Betrieb, die Züge aus Hamburg fuhren seit 1879 zum Lehrter Bahnhof. 1906 wurde das heute älteste Empfangsgebäude Berlins zum preußischen Verkehrs- und Baumuseum eingerichtet. Es durfte, bewacht von den Alliierten, nicht mehr betreten werden. 1984 einigten sich das Verkehrsmuseum Dresden und das Berliner Museum für Verkehr und Technik, die Exponate des früheren Verkehrs- und Baumuseum für beide Museen aufzuteilen.

Stahlguss und Beton sind für die neue Spreebrücke (Humboldthafen-Brücke) am Hauptbahnhof charakteristisch.

Foto: DB AG/Jazbec

Den Namen Hamburger Bahnhof gibt es weiterhin in modifizierter Form als „Hamburger u Lehrter Gbf" (HuL), denn der Güterverkehr wurde auf bestehenden Gleisanlagen fortgeführt. 2003 wurde HuL geschlossen. Der Containerbahnhof für Berlin liegt in Großbeeren, südlich von Berlin.

Vom Potsdamer Bahnhof, der erste in Berlin (1838 eröffnet), ist nichts mehr zu sehen, wurde das Empfangsgebäude doch bereits 1869 ersetzt von einem provisorischen Gebäude. 1872 war das neue Gebäude fertig, 1891 ergänzt mit zwei Flügelbahnhöfen, dem „Potsdamer Ringbahnhof" und dem „Potsdamer Wannseebahnhof". Vom Potsdamer Bahnhof fuhren nicht nur die Fernzüge, sondern auch die „Bankierzüge" (angeblich saßen in diesen S-Bahn-Zügen zumeist gut betuchte Banker) in nur zehn Minuten bis Zehlendorf. Der Wannseebahnhof ist 1939 geschlossen worden, der zerstörte Potsdamer Bahnhof 1945 (auch die Bankierzüge gab es seitdem nicht mehr) und der Ringbahnhof 1946, seine S-Bahn-Züge fuhren im neuen Nord-Süd-Tunnel. Vom Potsdamer Bahnhof blieb die Ruine mehrere Jahre

Nicht einmal die Eingangsfront zum mächtigen Empfangsgebäude des Anhalter Bahnhofs wollte Berlin erhalten. Was blieb, ist nur der Portikus *Foto: Erich Preuss*

Der Anhalter Bahnhof in seiner Glanzzeit: Soeben trifft der „Fliegende Frankfurter" ein, zwei Gleise weiter wartet die 03 075 auf ihre Abfahrt nach Süden (1935) *Slg. Reiner Preuss*

auf zu Ost-Berlin gehörendem Ödland, das durch Austausch 1972 zu West-Berlin kam. Heute stehen neue, hohe Gebäude auf dem ehemaligen Eisenbahngelände.

Anhalter Bahnhof

Auch vom Anhalter Bahnhof lebt nur der Name mit der unterirdischen S-Bahn-Station an der Nord-Süd-Strecke weiter. Kommt man an die Oberfläche, zeigt sich jedoch noch ein kleiner Rest vom einst mächtigen Empfangsgebäude. Es ist der Portikus der Empfangshalle.
Der Anhalter Bahnhof war für die nach Köthen (Anhalt) führende Strecke gebaut und mit der Fertigstellung des ersten Abschnitts bis Jüterbog am 1. Juli 1841 eröffnet worden. Später fuhren die Züge

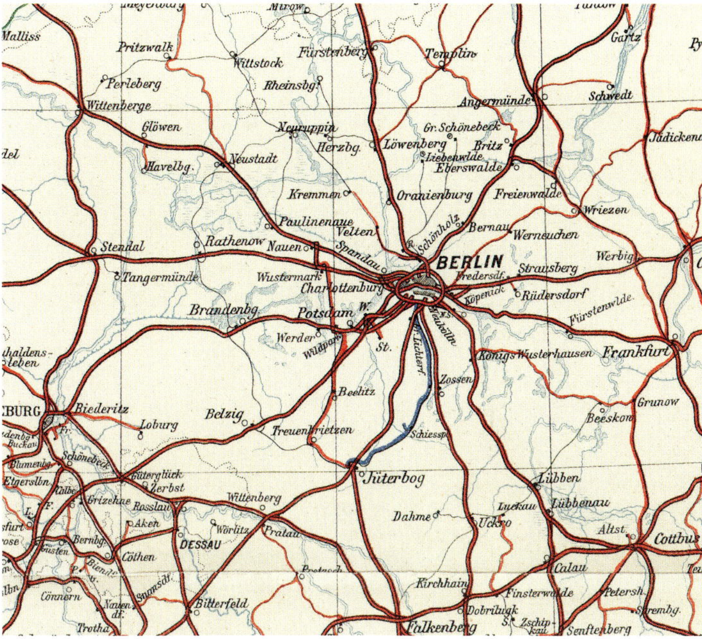

Berlin im deutschen Eisenbahnnetz vor dem Ersten Weltkrieg *Sammlung Clemens Hahn*

über diese Strecke nach Leipzig/Halle und weiter. 1882 kamen noch die Züge von und nach Dresden hinzu, der Dresdner Bahnhof an der Luckenwalder Straße war aufgegeben und 1884 abgebrochen worden. Der Anhalter Bahnhof erhielt ein neues Empfangsgebäude am Askanischen Platz, erdacht von Franz Schwechten, der später die Kaiser-Wilhelm-Gedächtniskirche baute, am 15. Juni 1880 eröffnet, von dem der genannte Portikus erhalten blieb. Zwar war die 60 m breite, 170 m lange Bahnhofshalle, von der bis Kriegsende ein bedeutender Zugverkehr ausging, zu Ende des zweiten Weltkriegs erheblich beschädigt worden, das Mauerwerk stand noch. Bis 1952 fuhren die Züge, die wegen der Abnabelung West-Berlins von diesem Zeitpunkt an ausblieben. Die Reste der Halle wurden zwischen 1959 und 1963 fast vollständig abgetragen. Auf dem Platz steht ein Zirkuszelt aus Beton, das Tempodrom.

11 m unter der Erde liegen zwei Mittelbahnsteige für den S-Bahn-Verkehr.

Es war die einzige S-Bahn-Station im Stadtbezirk Kreuzberg (der 2001 mit Friedrichshain vereinigt wurde). Dem Deutschen Technik-Museum blieb es vorbehalten, die größeren Reste vom Anhalter Bahnhof wieder herzurichten, so zwei Lokomotivschuppen, das Beamtenwohnhaus und Güterschuppen. Über der Yorckstraße liegen Brücken, so dass man sich mit etwas Mühe den lebhaften Zugverkehr in Berlins Mitte vorstellen kann.

Zwei ungleich große Hallen besitzt der Ostbahnhof. *Foto: Reiner Preuss*

Für den Neubau eines zentralen Berliner Bahnhofs kam nicht der Platz des Anhalter Bahnhofs in Betracht.

Ostbahnhof

Der Ostbahnhof trug nicht wenige Gesichter und Namen:
1841 Frankfurter Bahnhof
1844 Niederschlesisch-Märkischer Bahnhof
1881 Frankfurter Bahnhof
1951 Ostbahnhof
1987 Hauptbahnhof
1998 wieder Ostbahnhof.
Als Kopfstation für Züge aus Richtung Osten wurde er 1841 gebaut, Frankfurter Bahnhof genannt und bereits 1848 erweitert. Eine neue Eisenbahngesellschaft gab ihm den Namen Niederschlesisch-Märkischer Bahnhof. 1869 trennte sich der Bahnhof vom Güterverkehr und seit 1882 fährt die S-Bahn durch eine neue Bahnsteighalle. Aus dem Kopfbahnhof war durch Abriss ein Durchgangsbahnhof nicht nur für den Stadtverkehr, sondern zugleich für den Fernverkehr geworden. Die Kriegsbeschädigungen im zweiten Weltkrieg waren so stark, dass es sich beim Wiederaufbau anbot, die südliche Rückfront zur Eingangsseite zu machen. Das blieb sie bis heute.
Im kommunistischen Ost-Berlin durfte der Bahnhof nicht mehr an Schlesien mit Zügen nach Breslau erinnern. So wurde er zum Ostbahnhof. Später verlangte die

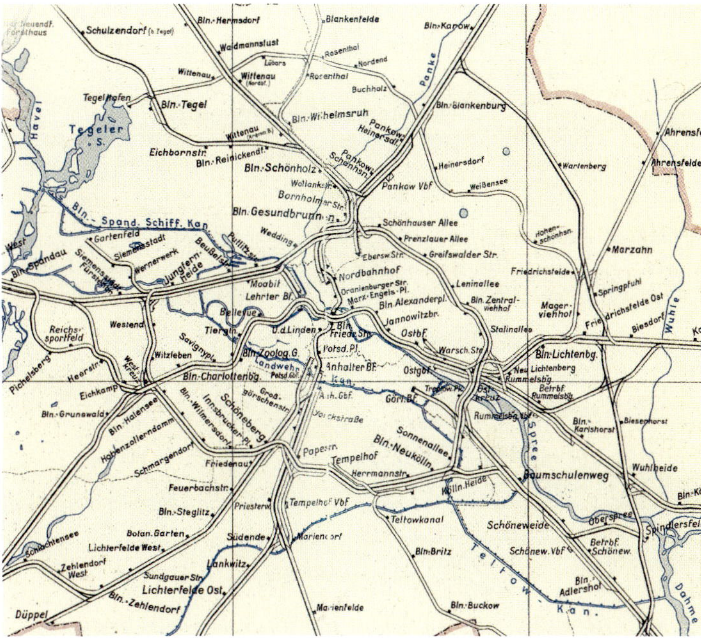

Die Berliner Eisenbahnanlagen im Jahre 1951 Sammlung Clemens Hahn

politische Führung nach einem Hauptbahnhof in der Hauptstadt, sollten doch auf dem Bahnhofsvorplatz Zeremonien bei Ankunft und Abfahrt ausländischer Staatsgäste stattfinden. So wurden die wenigen erhalten gebliebenen Häuser auf dem Vorplatz abgerissen und mit viel Beton ein neuer Vorplatz und eine neue Vorderfront für das Empfangsgebäude gebaut. Mit der Eröffnung des neuen, unfertigen Empfangsgebäudes am 15. Dezember 1987 galt die Bezeichnung „Berlin Hauptbahnhof". Vorgesehen war noch eine große Restaurantpassage, für die es auch einen Rohbau an der Koppenstraße gab. Die Wende 1989 unterbrach den Bau an dem Gebäude. Das vereinigte Berlin gab dem Bahnhof den Namen „Ostbahnhof" zurück, entstand doch ein Hauptbahnhof am Lehrter Stadtbahnhof. Das Empfangsgebäude des Ostbahnhofes wurde vollständig umgestaltet – von der alten Empfangshalle blieb nur das Stahlskelett erhalten – und mit einem IC-Hotel ergänzt. An seiner Stelle stand mehrere Jahre der Rohbau für das Restaurant, es war von der Deutschen Reichsbahn auch als Kulturhaus der Eisenbahner geplant worden. Nun muss der Ostbahnhof ohne Restaurant auskommen.

Heute ist der Ostbahnhof nicht nur Durchgangsbahnhof für die S-Bahn-Linien und die Züge des Nah- und Fernverkehrs – hier beginnen einige ICE-Verbindungen. Dafür wurden die Bahnsteige B und C auf 440 m verlängert und auch

oben: Der erste Berliner Bahnhof für Züge aus der Westrichtung ist Spandau.

Foto: DBAG/Kirsche

links: Der ICE hat den Ostbahnhof verlassen und fährt in Richtung Osten aus der Stadt.

Foto: Reiner Preuß

außerhalb der Bahnhofshalle überdacht. Zugleich wurde innerhalb des Bahnhofs der Stadtbahnviadukt auf 35 m verbreitert. Wie die anderen Berliner Bahnhöfe verlor er die Stellwerksgebäude, der Zugverkehr wird von der Betriebszentrale in Pankow aus gesteuert. Große Glasflächen als Empfangshalle am Bahnhofsvorplatz lassen Licht in den gesamten Hallenraum fluten. Zahlreiche kleine Läden wie drei Supermärkte im 4 300 m^2 großen Untergeschoss werden über die gesamte Woche als Einkaufsziel nicht nur von den Reisenden, auch von den Anwohnern gern genutzt. Die Gestaltung des Vorplatzareals ist vorgesehen, ohne dass es derzeit konkrete Planungen gibt.

Der Name Ostbahnhof ist einem ehemaligen Bahnhof in der Nachbarschaft entlehnt. Er existierte für das Berliner Ende der Ostbahn Berlin–Küstrin als fünfgleisiger Kopfbahnhof mit einem dreigeschossigen Empfangsgebäude von 1867 bis 1882 am Küstriner Platz (heute Franz-Mehring-Platz). Vor der Kriegszerstörung nutzt das Varieté Plaza das ehemalige Empfangsgebäude. Die Reste dieses großen Gebäudes wurden im Jahre 1950 beseitigt. Der alte Ostbahnhof nützte beim Umbau des heutigen Ostbahnhofs zwei-

mal. Als 1868 mit dem Umbau der Personenverkehr vom Güterverkehr getrennt wurde, kam der Personenverkehr auf den damaligen Ostbahnhof. Dasselbe passierte 1879, als für den Stadtbahnviadukt die Bahnsteige um 6 m angehoben wurden und die neue Bahnsteighalle entstand. Die vorhandene blieb bestehen, ihr schloss sich nun eine weitere als Dreigelenkbogenbinder an, allerdings offen zur bestehenden und von ihr gestützt, so dass beim flüchtigen Blick vom Bahnsteig aus die Überdachung wie eine einzige Halle wahrgenommen wird. Sie ist 54,3 m breit und 207 m lang sowie 19 m hoch. Zwischen den Bahnsteigen liegen zwei Umfahrgleise. Die neue Halle war 1896 für die Stadtbahnzüge vorgesehen, die am Rande separat vom übrigen Zugverkehr fahren. So blieb es bis heute.
Obwohl der Bahnhof, hauptsächlich in Richtung Osten, nicht wenige Gleise und Verbindungen besaß, war der Rangierverkehr bescheiden. Schließlich kamen die Züge fertiggestellt vom Abstellbahnhof Rummelsburg oder fuhren nach Ankunft als Leerzüge da hin. Südlich lagen Anschlussgleise des Hauptpostamtes, auf denen mit einer E-Lokomotive rangiert wurde, und die Gleise des Ostgüterbahnhofs mit der Zufahrt zum Bahnbetriebswerk Berlin Ostbahnhof. Auch nördlich lagen Gleise für Postwagen. Zahlreiche Gleise gehörten zum Wriezener Bahnhof, der in der Nachkriegszeit ausschließlich dem Güterverkehr diente. Im östlichen Vorfeld der Bahnhofshalle liegen Gleise, auf denen S-Bahn-Züge abgestellt werden. Mit der Modernisierung der Berliner Eisenbahnlandschaft wurde die östliche Gleisgestaltung vereinfacht, die Postgleise aufgegeben. Auf der westlichen Seite kamen dem Bahnhof die Viaduktverbreiterung und die Verlängerung der Bahnsteiggleise zugute. Was blieb: die Zugbildung in Rummelsburg mit dem ICE-Werk des Fernverkehrs.

Spandau

Mit der Schnellbahn Berlin–Hannover erhielt der Stadtbezirk Spandau einen neuen Bahnhof, wo es früher den Bahnhof Berlin-Spandau West gab. In Spandau treffen die Eisenbahnstrecken von Westen (Hannover/Braunschweig/Stendal) und von Norden (Hamburg) aufeinander. Fernzüge dieser Richtungen und jeder zweite der ICE-Züge, die über die erst im benachbarten Bahnhof Staaken beginnende Schnellbahn fahren, halten hier, und es enden die S-Bahn-Züge von Strausberg, erstmals am 30. Dezember 1998. Seit 1980 war Spandau vom S-Bahn-Verkehr abgeschnitten. Das alte Gleis Berlin–Lehrte liegt neben der Bahnhofshalle und führt zum alten Güterbahnhof, der die Übergangsstelle für die Osthavelländische Eisenbahn ist. Der bisherige Spandauer Bahnhof ist nur noch S-Bahnhof und heißt jetzt Stresow. In Spandau endet sonst noch die längste Berliner U-Bahn-Linie (31,8 km), sie beginnt in Rudow im Süden der Stadt.
Spandau liegt an der Havel, und deshalb baute die Eisenbahn anstelle der Fachwerkbrücke eine neue, in Wellenform auf das wasserreiche Gebiet hinweisende dreifeldrige Ganzstahl-Trogbrücke für sieben Gleise mit einer Spannweite von 71,2 m über den Fluss.
Die S-Bahn-Gleise überspannt ein 180 m langes Tonnendach, das über den vier Fernbahngleisen ist jeweils 415 m lang und damit das in Europa längste Dachgewölbe aus Glas und Stahl. Den Stahl-/

Wer im Bahnhof Zoologischer Garten aussteigen will, muss Regionalexpress fahren, denn er wird seit 2006 kaum noch für den Fernverkehr genutzt. Foto: Bodo Schulz

ICE und Gedächtniskirche – inzwischen ein vertrauter Berliner Anblick *Foto: Bodo Schulz*

Glasbau führte ein Würzburger Unternehmen aus. Die Tragwerksteile tragen Korrosionsschutz im Farbton DB 701 „Eisenglimmer". Für den neuen Bahnhof reichte der spanische Architekt Calatrava einen Entwurf ein, den der Vorstand der Deutschen Bahn vom Architektenbüro Gerkan, Marga & Partner mit einem Stuttgarter Architektenbüro überarbeiten ließ. Wenn das neue Projekt nicht mehr so großartig ausfiel, so blieb ihm mit 24 000 m^2 das viele Glas. Es ist der erste Bahnhofsneubau der Deutschen Bahn. Als Besonderheit gilt außerdem, dass in Deutschland nach langer Abstinenz eine Bahnhofshalle gebaut wurde. In Betrieb ging der neue Spandauer Bahnhof am 21. Mai 1997, zuerst mit nur einem Bahnsteig für die Hamburger Züge. Er hat auch Schönheitsfehler: die Rolltreppen arbeiten nur aufwärts, es mangelt an einer deutlichen Eingangszone, der überdachte Übergang zur U-Bahn wurde nicht ausgeführt.
Spandau am Zusammenfluss von Havel und Spree, bis 1920 eigenständige Stadt am Rande Berlins, hat eine gepflegte Altstadt und ist bekannt durch die 1560 bis 1594 erbaute Zitadelle. Die Schleuse Spandau wurde 1910 in Betrieb genommen.

Zoologischer Garten

Der Bahnhof Berlin Zoologischer Garten im Stadtbezirk Charlottenburg-Wilmersdorf, oft nur kurz „Bahnhof Zoo" genannt, war 1882 nur für den Vorortverkehr eröffnet worden, seit 1884 wird er auch von Fernzügen benutzt. Er kennt schon mehrere Umbauten. Für die West-Berliner galt er als Hauptbahnhof, und nach der Maueröffnung gab es nicht wenige Missverständnisse, gab es doch im Osten der Stadt einen Bahnhof, der – bis 1998 – wirklich Hauptbahnhof hieß. Der Bahnhof liegt, wie sein Name sagt, am Zoologischen Garten, den es als ersten Zoo in Deutschland schon seit 1844 gibt. Beide, Bahnhof und Zoo, haben den Vorzug, mitten in der Stadt zu liegen (in Friedrichsfelde befindet sich der zweite Berliner Zoo, der „Tierpark"). Nicht weit vom Bahnhof steht die Kaiser-Wilhelm-Gedächtniskirche – ein Wahrzeichen Berlins, haben Börse, Industrie- und Handelskammer, Bundesverwaltungsgericht, Technische Universität und andere Einrichtungen ihr Domizil. In Bahnhofsnähe verlaufen Kurfürstendamm („Kudamm") und Tauentzienstraße, beides mit mehreren Kaufhäusern beliebte Einkaufs- und Flaniermeilen. Unter dem Bahnhof verlaufen zwei U-Bahn-Linien, vor dem Empfangsgebäude, am Hardenbergplatz, beginnen mehrere Buslinien, so ist „Berlin Zoologischer Garten" ein richtiger Stadtbahnhof, auf dem es stets lebhaft zugeht. Im und am Europa-Center stehen eigenartige Uhren. Bei einer zeigt Wasser die Zeit an, bei der anderen gilt die Mengenlehre.

Sein heutiges Aussehen ist auf den nicht vollendeten Umbau anlässlich der Olympischen Spiele 1936 zurückzuführen. Dabei erhielt der Bahnhof anstelle der nach oben spitz verlaufenden Bahnhofshalle eine in rechteckiger Form. 1934/38 kam der Inselbahnsteig der S-Bahn in eine eigene, 6 m hohe, 21 m breite und 169 m lange Halle auf die Brücke über der Hardenbergstraße, versetzt zum übrigen Bahnhof.

Im Krieg beschädigt, wurde der Bahnhof 1952 wieder hergerichtet und die Halle endlich verglast, was 1940 unterblieben war. 1957 baute man das auf Stützen vorgelagerte Restaurant, die „Zoo-Terrassen", an die Halle. Der Bahnhof war seit Kriegsende für die West-Berliner das schäbige Symbol der vom Osten gesteuerten Deutschen Reichsbahn. Auf Kosten des West-Berliner Senats wurde er 1986/87 renoviert. Dabei sind auch die Bahnsteige außerhalb der Halle verlängert und überdacht worden.

Nach dem Mauerfall stieg bei den West-Berlinern die Eisenbahn plötzlich in der Gunst, weil nun Schikanen bei der Fahrt durch die DDR der Vergangenheit angehörten. Vorher fuhren sie auf den Transitstrecken ungern und benutzten mehr die Fluglinien, über die die DDR keine Kontrolle ausüben konnte (abgesehen vom Flughafen Schönefeld, wo Kontrollen für West-Berliner stattfanden, sonst ein eigener Übergang zum Bus nach West-Berlin bestand). Berlin, zwar noch kein Regierungssitz, aber Bundeshauptstadt, brauchte attraktiven Schienenverkehr.

So wurde der Bahnhof Berlin Zoologischer Garten an das ICE-Netz angebunden, zahlreiche Intercity-Verbindungen berührten ihn, seit 1998 ist er Station für die zahlreichen ins Umland fahrenden Regionalzüge, die die Stadt durchqueren. All das führte zu einer Belebung dieses Bahnhofs, der mit seinen drei Bahnsteigen (davon einer für die S-Bahn) für den Bahnbetrieb recht einfach gebaut ist. 1994 begann die Neugestaltung der unteren Ebene, während es auf der oberen Ebene bei den zwei Inselbahnsteigen für den Fernverkehr blieb, nur der Bahnsteig A wurde im Gleisfeld um 16 m verlängert. Das Reisezentrum vergrößerte sich, es wurden da, wo sich früher die Fahrkartenausgabe befand, und an

Anders als der triste Bahnhof Charlottenburg verstrahlt das nahe gelegene Schloss Charlottenburg Prunk und Pracht. *Foto: Bodo Schulz*

anderen Stellen kleine Läden und Imbissplätze eingerichtet und so die Empfangshalle aufgelockert. Geplant sind Warteräume, heute „DB-Lounge" genannt, auf der Zwischenebene. Die Außenfassade wurde behutsam renoviert und kaum verändert, weil das prägnante Bild des Bahnhofs weiterhin sichtbar bleiben soll.
Mit dem neuen Hauptbahnhof und den zwei Satelliten an der Nord-Süd-Achse büßte jedoch der Bahnhof fast den gesamten Fernverkehrs und einen Teil des Regionalverkehrs ein. Obwohl das Pilzkonzept von 1990 diese Konsequenz vorsah, stieß das Anwohnern erst im Jahre 2005 auf. Es kam zu heftigen Protesten.

Charlottenburg

Berlin-Charlottenburg gibt es als Stadtbahn-Bahnhof seit 1882, im gleichen Jahr als Bahnhof auch noch für den Vorort- und Fernverkehr und mit vier Bahnsteigen ist er einer der größten Bahnhöfe an der Stadtbahnstrecke. Das im Krieg zerstörte, später teilweise wieder aufgebaute Empfangsgebäude ist 1971 durch ein neues ersetzt worden, es ist ein einfacher Stahlbetonskelettbau. Bis in die jüngste Zeit wurde der Bahnhof nicht nur für den S-Bahn-Verkehr, sondern auch für den Fernverkehr benutzt, z. B. endeten hier Nachtzüge. Jetzt fahren sol-

Von Potsdam aus erster Bahnhof in Berlin: Berlin-Wannsee *Foto: Reiner Preuss*

che Züge durch, der Fernbahnsteig nimmt den Regionalverkehr auf. Wiederbelebt wurde der Gedanke, die Bahnsteige der S-Bahn um ca. 300 m in Richtung Osten zu verlegen, nicht wegen der Wilmersdorfer Straße mit ihrer größeren Zahl an Kaufhäusern, sondern wegen der U-Bahn-Station der Linie 7, zu der man jetzt zwischen S- und U-Bahn nicht mehr 400 Meter laufen muss. Da der Stuttgarter Platz am Bahnhof neu gestaltet werden sollte, bot sich die Verlegung in einem Projekt an. Der Zugang zur S-Bahn ist durch eine Ladenpassage vorgesehen.

Wannsee

Der erste oder letzte Berliner Bahnhof – je nachdem von welcher Richtung gesehen – ist Berlin-Wannsee, nach dem zu Steglitz-Zehlendorf gehörigen Ortsteil benannt, ein größtenteils vornehmes Wohngebiet. Benachbart sind Nikolasee und Griebnitzsee, wo sich schon vor der Einfahrt die Strecke verzweigt, in den Bahnhof Griebnitzsee und weiter nach Potsdam als frühere Potsdamer Eisenbahn oder, bezeichnet als alte Wetzlarer Eisenbahn, nach Drewitz (heute Potsdam Medienstadt Babelsberg).

Unter Wannsee versteht der Berliner auch das Badeparadies, denn am Großen Wannsee befindet sich ein beliebtes Strandbad und eine Anlagestelle für Schiffe, die auf der anschließenden Seenkette fahren.
Wannsee wurde unrühmlich bekannt als Ort, an dem 1942 die „Endlösung der Judenfrage“ beschlossen wurde.
Im Bahnhof Wannsee halten Züge des Nah- und Fernverkehrs. Der Bahnhof ist Berlins einziger Verladebahnhof für die Autoreisezüge. Von hier aus führen zwei S-Bahn-Linien in das Stadtzentrum, eine – mitunter als Wetzlarer Bahn bezeichnet – in gerader Linie über Charlottenburg–Zoologischer Garten–Alexanderplatz, die andere im Südbogen (Wannseebahn) über Steglitz–Anhalter Bahnhof–Friedrichstraße–Nordbahnhof. Ihn gab es schon 1874, als die Strecke Zehlendorf–Neubabelsberg (heute Griebnitzsee) eröffnet wurde, allerdings mit der Bezeichnung „Wannensee“. Mit dem S-Bahn-Verkehr erhielt der Bahnhof das heutige als Baudenkmal anerkannte Empfangsgebäude im expressionistischen Stil, entworfen von Richard Brademann, von 1924 bis 1945 Architekt bei der Reichsbahndirektion Berlin, mit einer achteckigen Empfangshalle. Dass es

in Wannsee drei Mittelbahnsteige gibt, ist dem Nebeneinander von zwei Bahnverwaltungen zu verdanken. Das neue Stellwerk ließ die BVG für den S-Bahn-Betrieb bauen.
Im Bahnhof Wannsee zweigte von 1913 bis 1961 eine S-Bahn-Strecke nach Stahnsdorf ab, wo sich – außerhalb Berlins – mit 200 ha der größte Friedhof für Berlin erstreckt, weshalb diese von der Berliner Stadtsynode angeregte und finanzierte Strecke auch „Friedhofsbahn" genannt wurde, schließlich fanden auf der 4,3 km langen, eingleisigen Strecke die Transporte der Toten statt – in Güterzügen mit Leichenwagen. Seit 1928 gab es hierher elektrischen S-Bahn-Betrieb. Der S-Bahnhof hat viel Trauer gesehen. Auf dem Waldfriedhof fanden zahlreiche Künstler und Prominente ihre letzte Ruhe, u. a. Werner von Siemens, Heinrich Zille, Rudolf Breitscheid, Conrad Matschoß (bekannt durch sein Werk „Männer der Technik") und Gustav Langenscheidt.

Lichtenberg

Berlin-Lichtenberg war von der Deutschen Reichsbahn als Fernbahnhof für den Binnenverkehr gedacht. Einst lag der Bahnhof lediglich als Rangierbahnhof Lichtenberg-Friedrichsfelde an der Niederschlesisch-Märkischen Eisenbahn. Erst seit 1952 fuhren Fernzüge hier ein, als der Bahnhof einen neuen Bahnsteig besaß. Sonst hielten nur die S-Bahn-Züge an, es gab ein bescheidenes Empfangsgebäude, in dem man auf die U-Bahn-Linie Alexanderplatz–Friedrichsfelde übergehen konnte. 1973 begann mit dem Bau der neuen über den Bahnhof führenden Straßenbrücke (Gute Sicht auf den Bahnbetrieb!) der Umbau. Die Bahn-

Sieht man nicht oft: den Lokotraktor. Ein Fahrzeug auf dem Bahnhof Lichtenberg mit Gummi- und Eisenbahnrädern zum Verschieben von Wagen. *Foto: Reiner Preuß*

steige wurden verlegt, es kam ein weiterer hinzu. Neu gebaut wurde das Empfangsgebäude, das ursprünglich größer ausfallen sollte (1982 fertig).
An den Enden des Bahnhofs befinden sich einerseits die Wagenhalle der S-Bahn (ehemals S-Bw Friedrichsfelde), andererseits Anlagen des ehemaligen Betriebshofes (ehemals Bahnbetriebswerk Berlin-Lichtenberg), jetzt eine Meldestelle von Railion. Am Zaun zur S-Bahn-Station Nöldnerplatz war der Regierungssonderzug der DDR abgestellt. Der Bahnhof Berlin-Lichtenberg ist nach Osten zu an die Strecke Küstrin-Kietz sowie zweimal an den Berliner Außenring angeschlossen, nach Westen zu gibt es Anschlüsse auf die Stadtbahnstrecke mit Kurven nach Frankfurter Allee und nach Treptow.
Eine Verbindung zwischen Rummelsburg und Frankfurter/Treptower Park führt im Westen am Bahnhof vorbei. Hinzu kommt die S-Bahn-Strecke vom Stadt-

oben: Den weiten Weg bis nach Saratov an der Wolga mit der Reisezeit von über 46 Stunden legen die Wagen zurück. Abfahrt im Bahnhof Berlin-Lichtenberg Foto: R. Preuß

links: Ein seltener Blick auf den Bahnhof Berlin-Lichtenberg. Empfangsgebäude und vier Bahnsteige im Bild oben vor der Brücke. Nach unten links führen die Gleise auf den Innenring. Lokomotivschuppen und Anlagen unten rechts gehörten zum Bahnbetriebswerk. Jetzt ist das ein Teil von DB Regio und Abstellplatz. Foto: DB AG/Schulz

zentrum nach Strausberg, die in Friedrichsfelde Ost für Züge nach Ahrensfelde und Wartenberg verzweigt.
Der Bahnhof ist, obwohl ein großer Teil der Züge die Verbindung Spandau/Gesundbrunnen–Hbf–Südkreuz benutzt, immer noch von Bedeutung. Hier treffen die Züge aus Osteuropa ein, die oft ein buntes Bild bieten. Das innen verbaute Empfangsgebäude wurde nach heutigen Ansprüchen umgestaltet. Es gibt eine Ladenpassage und einen verglasten Personenaufzug. Der Boden des Erdgeschosses ist als Oval geöffnet, so dass das Untergeschoss Tageslicht erhält.
Die Straßenfront blieb fast unverändert.

Fernbahn- und S-Bahnsteig von Berlin-Schöneweide mit den denkmalgeschützten Häuschen. Die Bahnsteigdächer sind gekürzt, weil ein Sturm den Rest zum Einsturz brachte Foto: R. Preuß

Schöneweide

Der Bahnhof Berlin-Schöneweide hat heute nur noch für die S-Bahn- und die Regionalzüge Bedeutung. An zwei Inselbahnsteigen halten die S-Bahn-Züge und ein dritter Inselbahnsteig ist für die Regionalzüge da. An ihm fahren auch andere Züge vorbei, denn die beiden Bahnsteiggleise sind mit den Streckengleisen von und nach Berlin-Baumschulenweg verbunden. Man hat vom Bahnsteig aus den Eindruck, der Bahnhof Berlin-Schöneweide ist ein Haltepunkt. Doch hinter dem südlichen Bahnsteigende erstreckte sich ein großer Rangierbahnhof, und es stehen da Anlagen eines ehemaligen Bahnbetriebswerkes (Betriebshofs). Neben einem Bahnsteiggleis liegt ein Rangiergleis, das das Gleis unterquert und zu Abstellgleisen an der Nordseite des Bahnhofs führt. Bis etwa 1991 nahm der eine Bahnsteig auch Züge des Fernverkehrs auf, weil auf den anderen Bahnhöfen in Ost-Berlin die Kapazität nicht ausreichte. In Berlin-Schöneweide wurde viel zwischen den Fernzügen und der S-Bahn umgestiegen.

Das bis heute kleine Empfangsgebäude stammt aus den Jahren 1880/82, neu ist nur das Dach über der Außentreppe. Die Bahnsteige kamen 1906 in die Hochlage. In der Durchgangshalle mit den Fahrkartenschaltern ging es eng zu, 1972/73 wurde sie verbreitert. Zuerst gab es nur einen Haltepunkt mit dem Namen „Neuer Krug" an der Berlin-Görlitzer Eisenbahn. Die Gegend um den heutigen Bahnhof galt als Ausflugsziel für die Berliner, und da hielten einige Züge an Sonntagen. Bis 1929, als der Name „Berlin-Schöneweide" eingeführt wurde, änderte sich die Stationsbezeichnung mehrmals. Aber Schöneweide als Ortsteil gibt es nicht, es ist ein Kompromiss zwischen Ober- und Niederschöneweide. Manch Berliner spricht im Spaß von „Schweineöde".

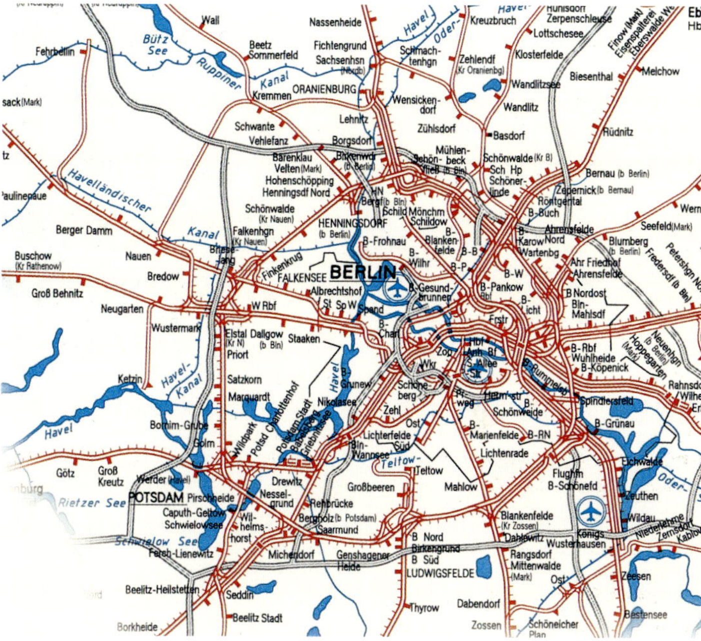

Das Berliner Eisenbahnnetz Ende der 90er-Jahre

Die S-Bahn hat hier Kehranlagen, diese bestehen aus einem oder mehreren Gleisen hinter dem Bahnsteig, damit der S-Bahn-Zug abgestellt und danach mit Richtungswechsel – eben in umgekehrter Richtung – an den Bahnsteig fahren kann. Damit der Triebwagenführer das Zugende wechseln kann, befinden sich außen in Türhöhe Treppen.) Eine abzweigende S-Bahn-Strecke endet nahe der Spree im Ortsteil Spindlersfeld.
Da betrieb die Deutsche Reichsbahn in der Villa des Fabrikanten Spindler die Hauptdispatcherleitung. Über die Spreebrücke ist man rasch im Kern von Köpenick und am Rathaus, das 1906 von Wilhelm Voigt als verkleideter Hauptmann besetzt wurde, und auf der Altstadtinsel vor dem Schloss Köpenick, heute ein prächtiges Kunstgewerbemuseum. Zwischen Niederschöneweide-Johannisthal (heute Berlin-Schöneweide) und Berlin-Spindlersfeld fand von 1903 bis 1906 der Versuchsbetrieb mit 6 kV-Wechselstrom 25 Hz statt. Das war die erste Bahn der Welt mit Einphasenwechselstrom. Seit 1929 fährt die S-Bahn hier elektrisch. Die in Schöneweide auf dem S-Bahnsteig stehenden Gebäude für die Aufsicht waren abgerissen und danach originalgetreu wieder aufgebaut worden, denn sie unterliegen dem Denkmalschutz.
Den zweiseitigen Rangierbahnhof gibt es seit 1903. Er wurde mehrmals erweitert – 1911/12 erhielt er Einfahrguppen – und

zuletzt nur als einseitiger betrieben. Inzwischen ist es auf dem Rangierbahnhof recht ruhig geworden. Ablaufbetrieb findet seit 1996 nicht mehr statt. Aber es gibt den S-Bahn-Haltepunkt „Betriebsbahnhof Berlin-Schöneweide“, der zuerst 1927 als „Betriebshaltepunkt Nieder-Schöneweide“ in Betrieb ging, seit 11. Juli 1945 für die Öffentlichkeit. Eine Fußgängerbrücke führt einerseits zu der Anlage des ehemaligen Bahnbetriebswerks, anderseits über die Straße Adlergestell, u. a. gut für die Arbeiter der S-Bahn-Hauptwerkstatt geeignet, die sich zwischen dem Adlergestell und der S-Bahn-Strecke nach Spindlersfeld befindet.
Der Rangierbahnhof erstreckt sich bis zum Ortsteil Adlershof. Dort, am Ende des S-Bahnsteigs, steht das Befehlsstellwerk. Die S-Bahn-Station in Nähe der TV-Studios und vom Wista (Wissenschafts- und Wirtschaftsstandort Adlershof) – hier hatte in der Akademie der Wissenschaft Angela Merkel ihren Arbeitsplatz – geht auf einen Haltepunkt des Jahres 1874 zurück. Bis 1901 hieß die Station Adlershof-Alt-Glienicke; 1956 entstand in Nähe der Gleise der Deutsche Fernsehfunk, und wenn man von „Adlershof“ sprach, war diese Fernsehanstalt der DDR gemeint. 1892/94 entstand das Adlershofer Empfangsgebäude. Zum hochgelegen Bahnsteig für den Vorortverkehr kam auch einer für den Fernverkehr. Als das Adlergestell als wichtigste Ausfallstraße der „DDR-Hauptstadt“ 1967 verbreitert wurde, stand das alte Empfangsgebäude im Wege und wurde abgebrochen. Ein schmuckloser Eingang muss nun genügen. Der Station fehlt auch der Bahnsteig für die Fernzüge, der zumindest 1960 noch in Plänen verzeichnet war.

Schönefeld Flughafen

Berlin-Schönefeld Flughafen liegt außerhalb der Stadtgrenze und ist – streng genommen – kein Fernbahnhof Berlins. Deshalb führte er die Bezeichnung „Berlin“ nicht an erster Stelle. Erst die Deutsche Bahn durchbrach diese Regel und benannte 1996 den Bahnhof als Tarifbezeichnung mit „Berlin-Schönefeld Flughafen“. Seit 1962 hieß er „Zentralflughafen Schönefeld“ , im gleichen Jahr „Zentralflughafen Berlin-Schönefeld“ und von 1976 bis 1996 „Flughafen Berlin-Schönefeld“. So heißt er noch betrieblich und bei der S-Bahn, was man an ihrem Bahnsteig sehen kann. Schönefeld (b Berlin) war Betriebsstelle am Berliner Außenring, von Anfang an für den öffentlichen Personen- und Güterverkehr vorgesehen, jedoch dafür nicht zugelassen. Als 1952 die DDR rings um Berlin mit Ausweiskontrollen begann, um West-Berlinern ungenehmigte Reisen außerhalb Berlins zu versagen und aus Zügen die DDR-Bürger zu fischen, die im Verdacht standen, nach West-Berlin zu reisen, wurde Schönefeld Kontrollbahnhof, zu dem acht lange Gleise und vier kurze Bahnsteige für die Kontrollhalte gehörten. Nach dem Mauerbau musste man den aus dem Süden in die Stadt pendelnden Arbeitern neue Verkehrsmöglichkeiten anbieten. So wurde der Bahnhof Schönefeld (b Berlin) öffentlich und Umsteigebahnhof auf die neue S-Bahn-Linie, die seit 26. Februar 1962 den Bahnhof mit Berlin-Adlershof und damit mit dem Stadtzentrum verband. Endlich gab es für den Flughafen eine Eisenbahnanbindung – freilich bis heute mit weitem Fußweg oder mit Shuttle-Bus. Auch für Fernzüge wurde Schönefeld Umsteigepunkt, zumal

Außerhalb der Stadt liegt der Bahnhof Flughafen Berlin-Schönefeld, der im Tarif des Personenverkehrs mit „Berlin-Schönefeld Flughafen" bezeichnet wird *Foto: R. Preuß*

die Deutsche Reichsbahn oft und auch außerplanmäßig die Züge hier vor der Stadtgrenze enden ließ und die Reisenden zur S-Bahn schickte.
Auch zu diesem Bahnhof gab es Spitznamen, zum Beispiel „Freies Feld", und nur Provisorien. Die Verhältnisse wurden immer unerträglicher, so dass der Umbau dieses Bahnhofs nicht weiter aufgeschoben werden konnte. 1984 ist das Empfangsgebäude (in der Planung von drei auf zwei Geschosse minimiert) in Betrieb gegangen. Außer dem Bahnsteig für die S-Bahn gibt es zwei Inselbahnsteige für den Fern- und Regionalverkehr. Zwischen ihnen liegen zwei Durchfahrgleise. Die Strecke von hier bis zur Abzweigstelle Glasower Damm wurde 1983 drei-, 1986 viergleisig.Auf das dritte Gleis nach Grünauer Kreuz wurde 1993 verzichtet, nachdem schon das Planum hergestellt war. Vorgesehen mit dem Ausbau des Flughafens „Berlin-Brandenburg International" ist, die S-Bahn in einer Kehre bis an das Abfertigungsgebäude zu führen. Seit 2006 fährt die DB nur noch Regionalzüge zu dem Bahnhof. Auf dem Bahnsteig stehen oft Eisenbahnliebhaber, denn bei den zahlreichen Zugfahrten des Personen- und Güterverkehrs ist eine Vielfalt an Fahrzeugen zu sehen.

Lichterfelde Ost

Der Bahnhof Lichterfelde Ost im Süden Berlins wurde am 28. Mai 2006 wieder Fernbahnhof., und zwar für den Regionalverkehr. 1868 eröffnete ihn die Berlin-Anhalter Eisenbahn. Hier kam 1881 die erste, von Siemens gebaute, Straßenbahn an. Seit 1884 nannte sich die Station „Groß-Lichterfelde", von 1886 an mit den Buchstaben „B. H." Sie standen für Berlin und Halle. Den heutigen Namen gibt es seit 1899. Mit dem Fernverkehr war 1952 Schluss, die Strecke zum Anhalter Bahnhof wurde nicht mehr genutzt. Mit der Inbetriebnahme des neuen Hauptbahnhofs erhielt der Bahnhof die Funktion als Fernbahnhof zurück.
Zu weiteren Fernbahnhöfen ist in anderen Kapiteln etwas gesagt.

Zeittafel zum Berliner Fernverkehr

1838 Erste Berliner Eisenbahn von Schöneberg nach Potsdam eröffnet und erster Potsdamer Bahnhof in Berlin errichtet

1841 Berlin – Jüterbog der Anhaltischen Bahn eröffnet und erster Anhalter Bahnhof errichtet

1842 Berlin-Frankfurter Bahn eröffnet
Abschnitt Berlin – Eberswalde der Berlin-Stettiner Bahn mit dem ersten Stettiner Bahnhof eröffnet
Niederschlesisch-Märkischer Bahnhof eingeweiht

1846 Strecke Berlin – Hamburg und erste „großartige" Bahnhofsanlage in Berlin eröffnet

1848 Durchgehende Eisenbahnreise Berlin – Paris möglich

1851 Verbindungsbahn Stettiner Bahnhof – Anhalter Bahnhof eröffnet

1867 Ostbahn Berlin – Küstrin und „neuer Küstriner Bahnhof" (Ostbahnhof) eröffnet

1868 Berlin-Görlitzer Eisenbahn und Görlitzer Bahnhof eröffnet

1869 Zweiter Bahnhof der Niederschlesisch-Märkischen Eisenbahn eröffnet
Erster Potsdamer Bahnhof abgebrochen

1871 Berlin-Lehrter Eisenbahn, Lehrter Bahnhof eröffnet
Nördlicher und östlicher Teil der Ringbahn eröffnet, Betrieb auf der Verbindungsbahn eingestellt

1872 Eröffnung des neuen Empfangsgebäudes des Potsdamer Bahnhofs

1874 Dresdener Bahnhof eingeweiht
Kopfbahnhof der Militärbahn eingeweiht

1875 Berlin-Dresdener Eisenbahn eröffnet

1876 Zweiter Stettiner Bahnhof eröffnet

1877 Nordbahn (Berlin-)Gesundbrunnen – Neubrandenburg und Nordbahnhof eröffnet

1879 Berlin-Wetzlarer Bahn eröffnet

1882 Stadtbahn eröffnet, Verkehr vom Ostbahnhof zum Schlesischen Bahnhof verlegt, Ostbahnhof stillglegt

1880 Eröffnung des Anhalter Bahnhofs

1884 Übernahme des Zugverkehrs nach Hamburg auf dem Lehrter Bahnhof, Hamburger Bahnhof stillgelegt Fernbahnsteig Zoologischer Garten in Betrieb genommen
1888 Reiseverkehr Berlin – Zossen der Militärbahn eröffnet
1914 Abstellanlagen für Reisezüge in Berlin-Rummelsburg in Betrieb genommen
1917 Plan Martin Mächlers, den Anhalter und Potsdamer Bahnhof durch eine neue Eisenbahnstation zu ersetzen, und eines neuen Centralbahnhof
1919 Militärbf Schöneberg geschlossen
1937 Erneuerung der Bahnhofshalle des Fernverkehrs im Schlesischen Bahnhof abgeschlossen
1940 Erweiterung des Bahnhofs Berlin Zoologischer Garten abgeschlossen
1943 Bahnhöfe beschädigt oder zerstört
1945 Fernverkehr auf dem Potsdamer Bahnhof eingestellt
1950 Schlesischer Bahnhof in Ostbahnhof umbenannt
1951 Reiseverkehr auf dem Görlitzer und Lehrter Bahnhof eingestellt
1952 Reiseverkehr auf dem Anhalter und dem Stettiner Bahnhof eingestellt
Fernverkehr auf dem Bahnhof Lichtenberg aufgenommen
1961 Mauerbau zwischen Westberlin, Ostberlin und dem Umland
1962 Bahnhof Zentralflughafen Berlin-Schönefeld für Fernverkehr eröffnet
1973 Berlin-Schöneweide für den Fernverkehr modernisiert
1982 Neubau des Bahnhofs Berlin-Lichtenberg in Betrieb genommen
1984 Neubau des Bahnhofs Flughafen Berlin-Schönefeld in Betrieb genommen
1987 Erster Bauabschnitt des neuen Ostbahnhofs fertiggestellt, umbenannt in Hauptbahnhof
1995 Baubeginn für den neuen Lehrter Bahnhof (Zentralbahnhof)
2006 Inbetriebnahme des Hauptbahnhofes. Gesundbrunnen und Südkreuz (vorher Papestraße) werden Fernbahnhöfe.

Die Dampflokomotiven 17 120 und 03 074 in den dreißiger Jahren mit dem FD 80 nach München auf der Anhalter Bahn bei Lichterfelde

Die Berliner S-Bahn

Die S-Bahn mit modernen Fahrzeugen ist das Rückgrat des Nahverkehrs in Berlin
Foto: DB AG/Jazbec

Bereits 1911 lag der erste Plan für die Elektrifizierung der Berliner Stadt-, Ring- und Vorortbahn vor. Am 8. August 1924 begann der elektrische S-Bahn-Betrieb vom Stettiner Bahnhof nach Bernau (22,73 km). Kurz darauf wurde die Strecke Berlin-Gesundbrunnen–Birkenwerder–Oranienburg und Abzweig Berlin-Schönholz–Reinickendorf–Velten elektrifiziert, die Vorortgleise auf der Stadtbahn 1928. Am 11. Juni 1928 fuhren erstmals fünf Wagenzüge zwischen Erkner und Potsdam mit elektrischem Antrieb. Vollendet war die Elektrifizierung am 18. April 1929. Nur drei Jahre waren seit dem Entschluss vergangen!

Für die Berliner S-Bahn ist typisch:
- Stromart 800 Volt Gleichstrom, weil damit Kabelisolierungen einfacher und Schutzmaßnahmen für Hochspannung nicht erforderlich sind
- Schiebetüren statt Drehtüren nach dem Vorbild der Berliner U-Bahn
- Scharfenbergkupplung
- Stromschiene statt Fahrleitung, so wurde die Elektrifizierung einfacher
- Elektrische Bremssteuerung für eine gleichmäßige und schnelle Bremsbedienung
- Zweiklassensystem statt vier Klassen wie bei der Deutschen Reichsbahn (heute nur 2. Wagenklasse)
- Trennung nach Raucher und Nichtraucher (heute nur Nichtraucher)
- Bahnsteighöhe von 96 cm (sonst maximal 76 cm)
- Hauptsignale als Signalverbindung (seit den siebziger Jahren im Osten Hl-Signale, jetzt Kombinationssignale)
- Kurze Blockabstände, vor Bahnhöfen mitunter nur 85 m, so dass Zugabstände von 1,5 Minuten möglich sind
- Vom Hauptsignal abhängige mechanische Fahrsperre am Gleis („Streckenanschlag") und Fahrsperre am Triebwagen. Das mechanische System wird vom elektronisch wirkenden „Zugbeeinflussungssystem S-Bahn" sukzessive abgelöst.
- Die Fahrgasträume werden aus Großräumen mit Mittelgang und Mehrzweckabteilen gebildet.

Info: Die S-Bahn heute

Mit der Wiedervereinigung der Stadt und der Entscheidung, Berlin zur Hauptstadt und zum Sitz der Bundesregierung zu machen, begann für die Berliner S-Bahn eine neue Zeit. Sie wurde wieder zum Rückgrat des Personenverkehrs in der Stadt. Die S-Bahn GmbH ist mit 3.750 Mitarbeitern die Betreibergesellschaft eines der attraktivsten Nahverkehrssysteme Europas mit dichter Zugfolge und kurzen Reisezeiten.
Der kontinuierliche Anstieg der Fahrgastzahlen von 246 Millionen im Gründungsjahr der Gesellschaft 1995 auf 318 Millionen im Jahre 2004 sprechen für den Erfolg der S-Bahn Berlin GmbH, einer Tochter der Deutschen Bahn. An jedem Werktag benutzen 1,3 Millionen Reisende die 2.600 S-Bahn-Züge. Der Bund stellte bis 2005 für die Wiederherstellung des S-Bahn-Netzes von insgesamt 331 km Länge drei Milliarden Euro bereit.

Eine 1. Wagenklasse wird weiterhin nicht angeboten.

Als das Netz der S-Bahn nahezu vollständig war, sprach man vom „Hundekopf", und tatsächlich: Das gezeichnete Liniennetz sieht wie ein mit der Schnauze nach links gewandter Hundekopf aus!

Gerade die S-Bahn, die als die Berliner Stadtbezirke verbindendes leistungsfähiges Verkehrsmittel galt, stand stets inmitten der politischen Wendungen. Dazu gehörte die Währungsreform von 1948. Nun mussten Ost-Berliner bei Fahrten in die Westsektoren Rückfahrkarten mitnehmen, wollten sie nicht in die Währungsfalle tappen, denn in den Westsektoren konnte man keine S-Bahn-Karten mit Ostwährung kaufen, und der Geldumtausch verteuerte die Fahrt auf das Fünf- bis Sechsfache.

Die überraschenden Sperrmaßnahmen am 13. August 1961 führten zu einschneidenden Behinderungen besonders bei der S-Bahn, bei der Gleisanlagen zwischen Ost- und West-Berlin aufgetrennt und der Zugbetrieb unterbrochen wurden (Ausnahme: Nord-Süd-Tunnel mit Bahnhof Friedrichstraße, der aber als Grenzbahnhof galt). Noch bestimmte die Reichsbahn von Ost-Berlin aus über den S-Bahn-Betrieb in West-Berlin, wie alle Eisenbahner in West-Berlin zur Deutschen Reichsbahn gehörten (Ausnahme: Beamte bei den Dienststellen der Deutschen Bundesbahn).

Doch die West-Berliner wollten mit Fahrgeldern nicht die Teilung der Stadt bezahlen und boykottierten, soweit das ging, die S-Bahn (Losung: „Keine Mark für Ulbrichts Stacheldraht") und

So sah früher der Wagen 275 659 bei der Berliner S-Bahn aus: das Blau kennzeichnete die 2. Wagenklasse (entspricht heute der 1.), und es gab Raucher- und Nichtraucherabteile. Das Fahrzeug vom Baujahr 1928 ist detailgetreu rekonstruiert worden *Foto: Reiner Peuß*

Info: Panorama-S-Bahn

Wer Berlin besucht, fährt bestimmt mit der Panorama-S-Bahn. Panorama-Wagen sind nichts Neues, sie fahren z. B. in der Schweiz. Aber im Flachland? Meist an Wochenenden rollt die Panorama-S-Bahn auf einem Rundkurs. Sie entstand 1998/99 in der Hauptwerkstatt der S-Bahn als Einheit aus drei Wagen mit den Betriebsnummern 488 001, 888 001 und 488 501 (umgebaut aus 477 105, 877 130 und 477 130). Große gewölbte, ungeteilte Fenster mit dünnem Profil – übrigens aus der Schweiz – bezogen – erlauben einen überraschenden Blick auf die die S-Bahn-Strecken überragenden Bauwerke Berlins. Kein Fahrgast muss mit seinen Augen über die Schulter sehen, denn rückwärts zur Fahrtrichtung sitzen ist nicht nötig. Die 65 Polstersitze lassen sich drehen. Der Zug fährt mit einer Klimaanlage. Sein Führerstand behindert keine Sicht, denn er ist transparent.

Foto: Bodo Schulz

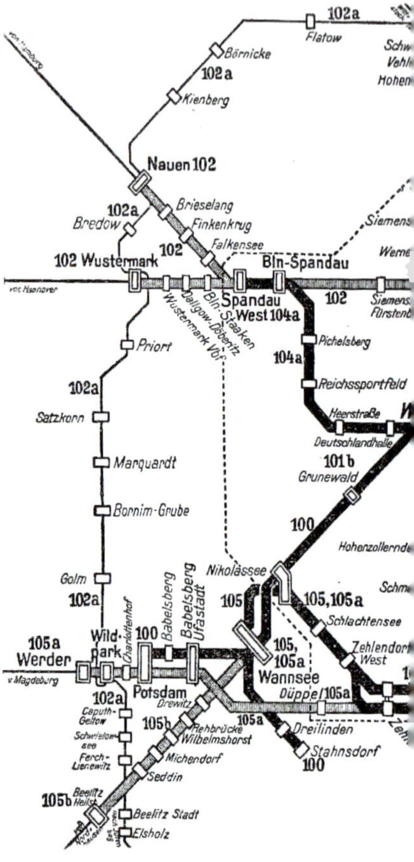

Rechts: Die Berliner S-Bahn-„Netzspinne“ kurz nach Beginn des Zweiten Weltkriegs

benutzten statt dessen die parallel zu den S-Bahn-Strecken eingerichtete Buslinien, wie auch neue U-Bahn-Linien in Betrieb gingen. In West-Berlin sank das einst so beliebte Verkehrsmittel zur Bedeutungslosigkeit herab. Mehrere Strecken wurden von der Deutschen Reichsbahn stillgelegt, weil sie sich nicht mehr alle Strecken leisten wollte.

Wurde von der Deutschen Reichsbahn die S-Bahn in West-Berlin zunächst als Faustpfand oder Prestigeobjekt gefahren, betrugen die Einnahmen nur noch ein Bruchteil der Ausgaben. Ein Streik der West-Berliner Eisenbahner im Jahre 1980 war für die DDR ein günstiger Anlass, einen großen Teil der defizitären S-Bahn-Strecken

(und anderer Eisenbahnanlagen) stillzulegen. Schließlich trennte sie sich von der inzwischen auf 21,2 km geschrumpften S-Bahn in West-Berlin und übergab sie am 30. Dezember 1981 an den (West-)Berliner Senat, und der beauftragte die Verkehrsbetriebe (BVG) mit dem Betrieb.

Zu dem Zeitpunkt wurden in West-Berlin gerade noch 16,46 km Streckenlänge befahren. Der Abschnitt Friedrichstraße–Lehrter Stadtbahnhof, der bis zum Bahnsteig dieses Bahnhofs zwar auf Ost-Berliner Gebiet lag, jedoch jenseits der Grenzkontrollstelle, war für die BVG tabu. Hier fuhren DR-Eisenbahner die Züge und übergaben bzw. übernahmen sie im Lehrter Stadtbf. Offensichtlich sollte den BVG-Mitarbeitern, die als Besucher zum Bahnhof Friedrichstraße kommen durften, nicht regelmäßig und bei Tageslicht Einblicke in den Bahnhof mit seinem strengen Grenzregime gewährt werden (die

unterirdische Strecke wurde jedoch von der BVG befahren).
Der Mauerfall im November 1989 stellte die S-Bahn vor eine neue Situation. Nun wurde sie wieder in West-Berlin benutzt und gebraucht. Das Netz musste geflickt werden. Von größter Bedeutung wurde die Stadtbahnstrecke für den Besucherverkehr zwischen den zwei Welten, die es in Berlin ja noch gab. Am 2. Juli 1990 waren die Gleise im Bahnhof Friedrichstraße wieder verbunden, das lästige Umsteigen entfiel – schon vorher die Pass- und Zollkontrollen auf DDR-Seite. In der Stadt und im Umland wurden 16 Lücken des S-Bahn-Netzes geschlossen.
Die S-Bahn ist als „S-Bahn Berlin GmbH" mit 3.750 Beschäftigten (2005) eine Tochtergesellschaft der Deutschen Bahn, und sie ist moderner geworden: Ende 2002 wurde die Betriebszentrale in Halensee eingerichtet, die die Funktionen der Stellwerke auf einen Standort konzentriert und das gesamte Streckennetz der Berliner S-Bahn voll elektronisch steuert. Die Zuglaufüberwachung benötigt eine Vielzahl von Zuginformationen. Weil eine mechanische Fahrsperre solche Informationen vom Zug nicht aufnehmen kann, wurde das „Zugbeeinflussungssystem S-Bahn" (ZBS), bei dem über Balisen („Datenpunkte") Nachrichten in beiden Richtungen, Fahrzeug-Steuerzentrale und umgekehrt, ausgetauscht werden können, zwischen Treptower Park und Hermannstraße getestet. Damit ist es u. a. möglich, Reisende über Zugläufe und Verspätungen aktuell zu informieren.
Die Fahrzeuge sind durch Neukäufe für 1,1 Milliarden EURO (1997–2004) auf das Durchschnittsalter von sieben Jahren verjüngt worden, alte Baureihen wurden ausgemustert.

„Berliner Typen": S-Bahn-Züge heute

i Baureihe 480/480.5

Radsatzfolge	Bo'Bo'+Bo'Bo'
Länge über Kupplung	36,80 m
Breite	3,00 m
Radstand	2,50 m
Drehgestellmittenabstand	12,10 m
Eigenmasse	60 t
Sitzplätze	96
Motorleistung	8 x 90 kW
Baujahre	1986–1993

Foto: Bodo Schulz

Die ersten Fahrzeuge dieser Baureihe bestellte die BVG für die West-Berliner Strecken. Wegen enger Kurvenradien im Nord-Süd-Tunnel mussten es Viertelzüge sein. Den ersten Zug (480 001/501) erhielt die BVG 1986 in blauer Farbe. Nach 1987 ging man wieder auf die Berliner-S-Bahn-Farben zurück: Bordeauxrot/Ocker. Die Baureihe besitzt einen Allachsantrieb mit Drehstrom-Asynchronmotoren, die im H-förmigen Drehgestellrahmen mit einer Luftfederung hängen. Es gibt ein Diagnose- und ein Fahrgast-Informationssystem. Für einen Triebzug genügt der Viertelzug, der aus zwei kurzgekuppelten Triebwagen besteht. Zur Baureihe

gehören 85 Viertelzüge. Der Wagenkasten besteht aus nichtrostenden Edelstahlprofilen und -blechen. Belüftung im Sommer und Luftheizung speisen sich hauptsächlich aus der Bremsenergie, die Triebwagen haben eine kombinierte Nutz- und Widerstandsbremse. Die vier mit Druckluft zu betätigenden Stromabnehmer sind untereinander verbunden. 1993 lieferte der Hersteller an die DR aus.
Wiederum aus Viertelzügen, genannt „Berliner Zugbildung“, besteht die Baureihe 481/482, und der Viertelzug lässt sich durch einen Übergang begehen und muss mit einem Führerstand auskommen, weshalb bei dieser Baureihe der S-Bahn-Zug aus mindestens 2 Viertelzügen bestehen muss. Fehlende Kanten und Vorsprünge beendeten das gefährliche „S-Bahn-Surfen“. Die gebogene, beschusssichere Frontscheibe stellt eine „Brille“ aus Kunststoff dar. Gewollt reichen die Türfenster unter die Fensterkante, um Sehbehinderten den Einstieg anzuzeigen. Wie bei der Baureihe 480 wurde der Wagenkasten aus nichtrostendem Stahl geschweißt. Fenster haben Doppelglas, Oberlichter sind klappbar. Bei Sitzen der

i Baureihe 481/482

Radsatzfolge	Bo'Bo'+2'Bo'
Länge über Kupplung	36,80 m
Breite	3,00 m
Radstand	2,20 m
Drehgestellmittenabstand	12,10 m
Eigenmasse	59 t
Sitzplätze	94
Motorleistung	6 x 100 kW
Baujahre	1987–2004

Foto: Bodo Schulz

i Info: Triebwagen von gestern – Museumsfahrzeuge

Gattung	Hersteller	Baujahr	Nummer ab 1938	Ab 1941	Ab 1970	vorgesehen 1991/92*	2000 S-Bahn-intern	2002 S-Bahn-intern	Bemerkungen
C4 esT-37	O & K	1938	3839	ET 167 006	277 003	477 197	488 161	488 276	Triebwagen mit Nr. 38 39 im Zustand 1938–1942
BC4 esT-37	Btz	1938	6401	EB 167 006	277 004	877 197	888 161	88 276	Beiwagen mit Nr. 6401 im Zustand 1938–1942
C4 esT-37	Dess	1939	3905	ET 167 072	277 087	477 206	488 161	488 277	Triebwagen mit Nr. ET 167 072 im Zustand 1964–1970
BC4 esT-37	Kass	1939	6380	EB 167 072	277 088	877 206	888 162	888 277	Beiwagen mit Nr. 167 072 im Zustand 1964–1970

* Wegen bevorstehender Ausmusterung nicht mehr angeschrieben
Btz Waggon- und Maschinenfabrik, vorm. Busch, Bautzen
Dess Dessauer Waggonfabrik AG
Kass Wegmann & Co., Kassel
O & K Orenstein & Koppel, Berlin-Spandau

1a
8

Ein Zug der Bauart Stadtbahn in Lichterfelde West. Ende 1997 hatten diese Klassiker ausgedient. Foto: Bodo Schulz

1. Klasse gibt es Armlehnen. Diese Wagenklasse wurde jedoch bei den Berlinern überwiegend abgelehnt. Die vorgesehene Drehtür zu dem Abteil fehlt. Es blieb bei der 2. Klasse. Beim Wagenübergang sind seitlich drei Klappsitze angeordnet.

Info: Die Hauptwerkstatt Schöneweide

Am 27. Oktober 1927 ging das Ausbesserungswerk Berlin-Schöneweide auf einem 22 500 m² großen Areal für die elektrischen S-Bahn-Fahrzeuge in Betrieb, während die Lokomotivschuppen in Westend und Lichtenberg-Friedrichsfelde zu Triebwagenschuppen umgebaut wurden. Neue Triebwagenhallen für die S-Bahn wurden in Tempelhof, in Erkner und an anderer Stelle gebaut. Nach der Erweiterung im Jahre 1931 besaß das Ausbesserungswerk fünf Hallen. Von 1954 an sind hier nicht nur die S-Bahn-Wagen untersucht, ausgebessert oder umgebaut worden, das Werk erhielt auch die U-Bahn-Fahrzeuge und Straßenbahnen des Ost-Berliner Nahverkehrs, war außerdem für die Fahrzeuge der Oberweißbacher Bergbahn [in Thüringen] und der Strecke Müncheberg (Mark)–Buckow (Märkische Schweiz) zuständig. Anfang der neunziger Jahre wurden wie einst nur noch S-Bahn-Fahrzeuge zugeführt. Außerdem werden seit 1997 an zwei Fahrsimulatoren Triebfahrzeugführer der S-Bahn und für die Drehstrom-Lokomotiven der Baureihen 101, 145 und 152 ausgebildet. In der Hauptwerkstatt befindet sich der Schlepptriebwagen 478 008, „Jumbo“ genannt. Das einstige Reichsbahn-Ausbesserungswerk heißt heute „Hauptwerkstatt S-Bahn“ lädt an manchen Tagen zu Konzerten in den Werkhallen und zu Ausstellungen ein.

Das Lüftungs-/Heizsystem ist unter dem Dach angeordnet. Außenfarbe: Rubinrot, Fensterband und Dach in Ocker und der Farbtrennstreifen wie die Schutzborde in Verkehrsschwarz. Für den Antrieb lieferte eine Dresdner Firma eigenbelüftete Drehstrom-Asynchron-Fahrmotoren, deren 6 in den Drehgestellen eines Viertelzuges eingebaut sind.

Der erste Triebzug der BR 485/885 kam 1979 aus dem Werk, die Serienlieferung begann 1990. Wie bei der Baureihe 481 bilden ein Trieb- und ein Beiwagen den Viertelzug. Ein S-Bahn-Zug muss aus mindestens zwei Viertelzügen zusammengesetzt sein. Der Wagenkasten besteht aus einer selbsttragenden Leichtbaukonstruktion aus hochfester Aluminiumlegierung, vollständig geschweisst.

Baureihe 485/885

Radsatzfolge	Bo'Bo'+2'2'
Länge über Kupplung	36,80 m
Breite	3,00 m
Radstand	2,50 m
Drehgestellmittenabstand	12,30 m
Eigenmasse	60 t
Sitzplätze	97
Motorleistung	4 x 150 kW
Baujahre	1987–1992

Foto: Bodo Schulz

Nahverkehrsrenner: S-Bahn-Zug der Baureihe 481 beim Olympiastadion *Foto: B.Schulz*

Zwischen den Fahrzeugen gibt es keinen Übergang, die beiden Wagen der Viertelzüge sind mit der Hülsenkurzkupplung verbunden. Beide aus Mischstromreihenmotoren bestehende Motorgruppen liegen versetzt im Drehgestell und sind in Reihe geschaltet. Antriebsräder auf den Achsen wurden mit zusätzlichen Federsegmenten ausgestattet, um die Geräusche zu verringern. In den Fahrgasträumen ist eine elektrische Widerstandsheizung für drei Heizstufen eingebaut. Die Führerstände haben eine Luftheizung. In Karminrot mit anthrazitfarbigen Fensterflächen zeigen sich die Fahrzeuge, auch in Bordeauxrot/Ocker, mitunter zwei Anstricharten gemischt in einem S-Bahn-Zug.

i Info: S 21 – eine neue S-Bahn-Linie

Eine neue S-Bahn-Strecke – bisher S 21 genannt – sollte bis 2006 fertig sein und wurde es nicht. Sie verbindet den neuen Lehrter Bahnhof mit dem Nordring. Bisher lag da zum Teil eine Verbindung für Güterzüge, nun sollen S-Bahn-Züge nach Norden fahren. Im ebenfalls neuen S-Bahnhof Perleberger Straße verzweigt die Strecke auf die bestehende Linie S 4 zum einen zum Bahnhof Westhafen, zum anderen zum Bahnhof Wedding, so dass Züge aus beiden Richtungen auf den Lehrter Bahnhof zufahren können. Die Strecke der zweiten Stufe soll nach 2006 den Lehrter Bahnhof mit dem S-Bahnhof Potsdamer Platz verbinden, in der dritten Stufe gar mit dem Südring über den Bahnhof Gleisdreieck (bisher allein U-Bahn-Station), so dass es außer neuen innerstädtischen Direktverbindungen nicht nur zu einem direkten Weg zwischen Nord- und Süd-Ring kommt, sondern auch S-Bahn-Züge aus dem Stadtzentrum nach Wannsee und Blankenfelde verkehren werden. Derzeit herrscht wegen finanzieller Schwierigkeiten um die Linie S 21 tiefes Schweigen, der Tunnel ist jedoch fertiggestellt.

Der S-Bahn-Vollring: Strecke ohne Ende

Neben der Stadtbahn gehörte die Ringbahn zu den markantesten Eisenbahnstrecken Berlins. Dabei schien ihr Ende im Westteil der Stadt fast besiegelt. Mit dem Mauerbau war der Ring auseinandergebrochen, doch zum Torso verkümmerte er erst 19 Jahre später. Ein Streik ihrer Westberliner Beschäftigten veranlasste die Deutsche Reichsbahn im September 1980, auf dem Dreiviertelkreis zwischen Gesundbrunnen und Sonnenallee den S-Bahn-Verkehr einzustellen.
Die Gedankenspiele der Reichsbahn, der Senat werde mit Subventionen schon dafür sorgen, dass die hier bis zum Schluss sogar einigermaßen besetzten Züge wieder in Fahrt kämen, ging nicht auf.
Zwar steckten die BVG-Busse auf der parallel verlaufenden Stadtautobahn im Stau, doch die Gleise rosteten vor sich hin. Das Bahngelände wandelte sich teilweise zu einer Grünoase, besonders am Bahnhof Gesundbrunnen, auf der früher beliebtesten Station des westlichen Ringabschnittes. „An der Plumpe" – wie die Alteingesessenen die Bahnhofsgegend bis heute nennen – traf die Streckenstilllegung auch die Geschäftswelt hart.
Mit den Kunden verschwanden nach und nach zahlreiche Kioske und Geschäfte.
Der Ring verband ja ideal für Berlin so typische Stadtteile wie Neukölln, Tempelhof, Schöneberg-Wilmersdorf, Moabit, Wedding, Prenzlauer Berg und Friedrichshain miteinander. Wer mit der S-Bahn reiste – wohlgemerkt reiste!-, lernte das Stadtbild in seinen unterschiedlichsten Facetten kennen: Fabriken und Gewerbehöfe, graue Mietskasernen und vornehme Bürgerhäuser, belebte Einkaufsstraßen und Schiffahrtskanäle, Speditionsgelände und Güterbahnhöfe zuhauf.
In mancher Hinterhauswohnung rumpelte die S-Bahn sozusagen fast durch die Küche, verrußten Güterzuglokomotiven die Fensterscheiben. Zwischen den Stationen Schönhauser Allee und Prenzlauer Allee sind Reste des Berliner Hinterhofmilieus entlang der Ringbahn bis heute erhalten. Übrigens: Vielleicht am gekonntesten in Szene gesetzt im längst zum Kultfilm gewordenen DEFA-Streifen „Solo Sunny". Beim Blick aus dem Küchenfenster: Tief unten in der Häuserschlucht polternde S-Bahnen und hechelnde 52er im ersten Morgenlicht. In Wilmersdorf und Charlottenburg dagegen brodelt unmittelbar am sogenannten S-Bahngraben seit den fünfziger Jahren der Autoverkehr. Ungleich brutaler als der Schienenstrang schneidet dort eine sechsspurige Autobahn die City. Wenigstens rollen auch in dieser geschundenen Stadtlandschaft seit dem 17. Dezember 1993 wieder die Gleichstromzüge und neun Jahre später auf dem Vollring.
Blenden wir an dieser Stelle zurück.
Unsere Altvorderen schufen die „Neue Verbindungsbahn" respektive „Berliner Ringbahn" binnen Zehnjahresfrist. 1867 in Angriff genommen, wurde das rund 25 km lange Teilstück Moabit–Stralau–Schöneberg am 17. Juli 1871 eröffnet.
Zum 37 km langen Ring schloss sich die

Der Vollring mit seinen zwei S-Bahngleisen innen zur Stadt, die Fernbahngleise liegen außen. Im Hintergrund der Bahnhof Westkreuz, das Internationale Kongresszentrum (ICC) und der Funkturm. Foto: Reiner Preuß

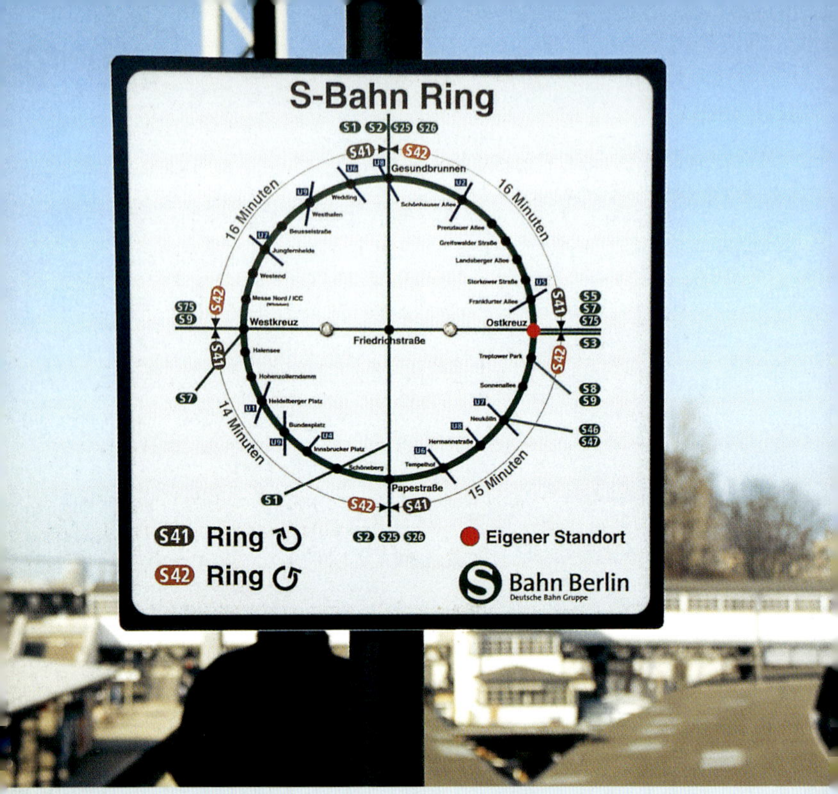

Damit sich der Unkundige auf dem Ring zurecht findet, hilft diese Informationstafel auf manchem Bahnhof. *Foto: R. Preuß*

Strecke im November 1877, als der Betrieb zwischen Schöneberg und Moabit über Charlottenburg begann. Zu dieser Zeit lagen die Gleise oft noch weitab der Stadtgrenze von Berlin und berührten ländliche Gemeinden wie Wilmersdorf, Schöneberg, Rixdorf (Neukölln) oder Weißensee, die längst zu Berliner Stadtbezirken gehören.

„Neue Verbindungsbahn", so hieß der zuerst fertiggestellte Abschnitt des Rings deshalb, weil er acht radial nach Berlin führende Fernstrecken miteinander verknüpfte. Die auf Straßenniveau bereits 1850/51 verlegte „Alte Verbindungsbahn" konnte mit Eröffnung der neuen weitgehend stillgelegt werden. Ganz zu Anfang ratterten nur Güterzüge über den Ring. Der 1872 aufgenommene bescheidene Personenzugverkehr nahm gewaltig zu, als im Oktober 1881 die „Südring-Spitzkehre" zum Potsdamer Bahnhof im Herzen der Metropole in Betrieb ging. Die ein halbes Jahr später eröffnete Stadtbahn mit den Verbindungskurven ermöglichte die Einrichtung so genannter Halbringzüge, die über Stadtbahn und Nordring bzw. Südring dampften.

Zwischen 1880 und 1910 wurde der zunächst nur ein- oder zweigleisige Ring nach und nach auf vier Gleise ausgebaut. Ein Gleispaar diente dem Personen-, das andere dem Güterverkehr. Ab 1928 stellte die Deutsche Reichsbahn-Gesellschaft den Personenverkehr auf dem Ring schrittweise auf elektrischen Betrieb um. Die damals so genannte „Große Elektrisierung“ des S-Bahn-Rings und der Stadtbahn inklusive der Südring-Spitzkehre konnte ein Jahr darauf abgeschlossen werden. Bis zum Mai 1929 hatten die rotgelben elektrischen Triebwagen die Dampfzüge endgültig vom Ring verdrängt.

Täglich fuhren sie im Zehn-Minuten-Takt über den Vollring, machten aber ebenso wie die bisherigen Dampfzüge noch im Potsdamer Ringbahnhof Kopf. Dies änderte sich erst gegen Ende 1943 (nach schweren Bombenangriffen im November). Die Vollringzüge nahmen fortan den direkten Weg zwischen Schöneberg und Papestraße, wie es zuvor nur „Verstärkerzüge“ getan hatten.

Mitte der dreißiger Jahre begann der Umbau der Ringbahn zur Fernverkehrs-Magistrale – Teil der in nationalsozialistischem Größenwahn entworfenen „Welthauptstadt Germania“. Die Fernzüge sollten künftig über vier Bahnhöfe in den Bereichen Wedding, Ostkreuz, Papestraße und Westkreuz geleitet werden. Doch die Arbeiten kamen schon bald zum Erliegen. Alliierte Luftangriffe und der „Endkampf um die Reichshauptstadt“ legten nunmehr die Ringbahn Stück für Stück in Schutt und Asche, 1945 lagen die Bahnhöfe Gesundbrunnen, Beusselstraße, Halensee, Treptower Park und Landsberger Allee in Trümmern. Auch andere Stationen hatten beschädigte Dächer und kaputte Mauern. Oft waren die Schienen durch gesprengte Brücken unterbrochen worden. Die Gleise der schon 1944 nach Bombenschäden stillgelegten „Nordkurve“ Charlottenburg–Witzleben–Westend wurden nach Kriegsende kurzerhand demontiert. Die Bahnhöfe am Potsdamer Platz und an der Kolonnenstraße verschwanden ebenso wie die Südring-Spitzkehre in Schöneberg für immer vom Berliner Stadtplan. Auf dem Ring kam die S-Bahn ab Juni 1945 wieder in Fahrt, vorerst nur Stück für Stück im Pendelverkehr. Vom Februar 1946 an drehte sie erneut ihre Runden auf dem Vollring von Ostkreuz nach Ostkreuz. Doch die politische Teilung der Stadt und der „Kalte Krieg“ machten auch vor der Ringbahn nicht halt.

So richtete die Reichsbahn in den fünfziger Jahren weitere, zum Teil ganz neue Zugläufe ein. Die Elektrifizierung der Gütergleise zwischen Pankow und Schönhauser Allee (so genannte Stalinkurve) ermöglichte den Ostberlinern ab Dezember 1952 Fahrten von Blankenburg über Ostkreuz zur Warschauer Straße, ohne den im französischen Sektor gelegenen Bahnhof Gesundbrunnen zu berühren. Später richtete man an den Sektorengrenzen auf Ostberliner Gebiet Kontrollbahnsteige ein, die aber nie in Betrieb gingen. Kurze Kontrollen an den davor liegenden Bahnhöfen waren bis zur Grenzschließung die Regel.

Mit dem Bau der Berliner Mauer am 13. August 1961 wurde die Ringbahn zwischen Gesundbrunnen und Schönhauser Allee sowie Sonnenallee und Treptower Park unterbrochen. Ebenso kappte man den Südringabzweig zwischen Köllnische Heide und Baumschulenweg. Dennoch behielt die Reichsbahn im Westteil das hergebrachte Fahrplanschema prinzipiell bei. Nur rollten die Züge jetzt auf einem Dreiviertelkreis zwischen Gesundbrunnen und Sonnenallee und über die Stadtbahn von Friedrichstraße über Charlottenburg, Halensee und den Südring nach Köllnische Heide. Bis zum Streik 1980.

Der „Ostring" bildete fortan die Nord-Süd-Achse im östlichen Netz: Durch den Neubau von Streckenabschnitten bzw. die Elektrifizierung der Ferngleise zwischen dem Karower Kreuz und Bergfelde nördlich Berlins erhielt der Oranienburger S-Bahn-Ast Ende 1961 Anschluss an die Strecke von Blankenburg über Schönhauser Allee zum Treptower Park.

Ab April 1997 wurde die Ringbahn im Westen um den Abschnitt Westend–Jungfernheide verlängert. Kurz vor Weihnachten des gleichen Jahres schloss sich auch die Südring-Lücke zwischen Neukölln und Treptower Park. Die nächsten Eröffnungen waren Jungfernheide–Westhafen und Gesundbrunnen–Schönhauser Allee. Mit dem Lückenschluss zwischen Westhafen und Gesundbrunnen am 16. Juni 2002 ist der Ring wieder rundum geschlossen. Von der historischen Bausubstanz blieb allerdings recht wenig übrig. Der Wiederaufbau der Strecke Westend–Baumschulenweg kam weitgehend einem Neubau auf vorhandener Trasse gleich. Neben neuen Bahnsteigen in Beusselstraße und Wedding entstand nun in Gesundbrunnen ein Fern- und S-Bahnhof. Anders als früher kann dort künftig zwischen den S-Bahnlinen des Rings und der Nord-Süd-Bahn am gleichen Bahnsteig umgestiegen werden. Da sind die S-Bahnstrecken aller Richtungen miteinander verknüpft. So können die Züge wahlweise vom westlichen oder östlichen Ring auf die Nordstrecken nach Hennigsdorf, Oranienburg und Bernau (b Berlin) wechseln.

Ein Vollzug der Reihe 165 ist im Frühjahr 1943 auf dem westlichen Ring zwischen Westkreuz und Witzleben unterwegs und passiert dabei den Funkturm Sammlung Reinhard Schulz

Die berühmt gewordene Bösebrücke über dem S-Bahnhof Bornholmer Straße. Auf der Brücke „fiel 1989 die Mauer". Im S-Bahnhof kommen die Linien vom Bahnhof Gesundbrunnen und von Schönhauser Allee zusammen. Rechts liegen die Gleise der Fernbahn *Foto: Reiner Preuß*

Befahren wir den Vollring von Gesundbrunnen entgegen des Uhrzeigersinns und kommen zur Schönhauser Allee mit U-Bahn-Anschluss. Während die S-Bahn-Strecke im Graben, also im Einschnitt, liegt, fährt hier die U-Bahn auf Hochbahngleisen. In der Nähe steht die Gethsemanekirche, einst Zentrum der DDR-Opposition in Berlin. Weiter geht es in Prenzlauer Allee am Groß-Planetarium und in Landsberger Allee am Velodrom vorbei. Nach zwei weiteren Stationen wird ein oberer Bahnsteig von Ostkreuz erreicht. Danach fährt der Zug über die Spree. Rechts ist die Oberbaumbrücke und das ehemalige Hafengelände zu sehen. Im Spreewasser stehen drei übergroße Männer, die für die Allianz-Versicherung von Jonathan Borofsky gestaltete Skulptur „Molecule Man", der die Stelle zeigt, an der vor der Neugliederung die drei Stadtbezirke Kreuzberg, Treptow und Friedrichshain zusammentrafen. Am Ufer steht das höchste Bürohaus Berlins, der Treptower. Am Bahnhof erstreckt sich zur Linken der Treptower Park mit der stählernen Blume von Kühn (am Bahnhof), das große Sowjetische Ehrenmal und die Archenhold-Sternwarte (beides von der S-Bahn kaum zu sehen). Es folgen die Stationen Sonnenallee, Neukölln und Hermannstraße, bis der Flughafen Tempelhof zu sehen ist. Bald wird in die obere Ebene des Bahnhofs Südkreuz eingefahren. Nach Westkreuz sind linker Hand das Kongresszentrum und der Funkturm am Messegelände zu sehen. Der Bahnhof Westend mit seinem schicken Empfangsgebäude besitzt wie manch anderer Bahnhof noch eine filigrane Treppenumhausung, „Gewächshauslaube" genannt. Vor der Station Jungfernheide überquert die Strecke erneut die Spree, nun im Westen des Ringes. Mit Westhafen wird der offizielle Beginn des Vollrings erreicht, denn diese Station steht am km 0,0. Eine mächtige Brücke (der „Überflieger"), über die die Züge zum Hauptbahnhof fahren, steht in Nähe der Station Wedding. Noch 2,5 km, der Bahnhof Gesundbrunnen ist nach 60 Minuten Fahrt wieder in Sicht. *Koschinski/Preuß*

Zwischen Jannowitzbrücke und Ostbahnhof liegt die Strecke der Stadtbahn dicht an der Spree. Das Viaduktgewölbe steht auf dem einstigen Festungsgraben. Die Türme gehören zum Roten Rathaus und zum Stadthaus. *Foto: Reiner Preuß*

Bahn-Berlin: Stadtziele mit Schienenanschluss

Station Jannowitzbrücke in Nähe des Alexanderplatzes — *Foto: Reiner Preuß*

Die Stadtbahn

Zwischen 1871 und 1877 erhielt Berlin eine innerstädtische Ringbahn, es fehlte aber an einer Ost-West-Verbindung zwischen dem Schlesischen Bahnhof und dem Bahnhof Charlottenburg, die das Zentrum der Reichshauptstadt berührte. Die Streckenlänge betrüge nur 11 km, wenn die Verbindung in der Geraden läge. Jedoch waren Flächen auf dieser Linie schon bebaut, und Grundstücksspekulanten ließen die Preise für interessante Grundstücke nach oben gehen. Die aufgefüllte Fläche des alten Festungsgrabens, der vom Schlesischen Bahnhof bis zur Friedrichstraße führte, war noch im Besitz der Stadt, so kam die 12,145 km lange Stadtbahn auf diese Fläche, allerdings auf einen Viadukt mit zwei Dammschüttungen, 5,3 m über dem Straßenniveau und meist in gekrümmter Lage,

i Die Stadtbahnstrecke

Fertigstellung	1882
Länge	12,145 km
Straßenbrücken (bei Fertigstellung)	56
Brücken über Wasserwege	7
Viaduktstrecke	
Länge	7,964 km
Anzahl der Gewölbebögen	722

Stadtbahnhöfe (bei Fertigstellung): Schlesischer Bahnhof, Jannowitzbrücke, Alexanderplatz, Börse, Friedrichstraße, Hauptbahnhof, Bellevue, Zoologischer Garten

Auch zwischen Ostbahnhof und Alexanderplatz liegt die Stadtbahn wie eine sich krümmende Schlange auf dem früheren Festungsraben *Foto: Reiner Preuß*

die teilweise nur Geschwindigkeiten bis 55 km/h zulässt. Finanziert wurde die Stadtbahn von der preußischen Eisenbahnverwaltung. 56,7 Millionen Mark waren für die neue Strcke veranschlagt, davon allein 33,3 Millionen Mark an Grundstückskosten. 1882 war die Verbindung für den Vorortverkehr fertiggestellt, zunächst mit zwei nur für den Personenverkehr vorgesehenen Streckengleisen. Verbunden wurden sie mit der Ringbahn und den Vorortstrecken nach Werder, Spandau und Erkner. Die drei Monate später fertiggestellten zwei südlich gelegenen Gleise gehören zur Fernbahn, die anderen dem Vorort-, später S-Bahn-Verkehr. So blieb es bis in die Gegenwart. Acht Bahnhöfe an der Stadtbahn, nach betrieblichen Vorschriften mitunter nur Haltepunkte, erlauben, dass der Bahnreisende seine Ziele im Stadtzentrum schnell und bequem erreicht. Wie notwendig die Querverbindung war, macht die Anzahl der Zugfahrten deutlich. Kurz vor dem Ersten Weltkrieg befuhren im 3-Minuten-Abstand rund 950 Vorort-Züge täglich die Stadtbahn, gezogen von Dampflokomotiven!

Vom Ostbahnhof bis Charlottenburg fährt die Eisenbahn auf dem 7,964 km langen und 5,3 m hohen Viadukt.

Die Viaduktstrecke mit 52 Brücken und 610 Bögen (einst 731), die gern für Restaurants, Cafés oder schicke Läden gemietet werden, auch wenn es über der Decke oft rumpelt, hat den Vorteil des zum Straßenverkehr kreuzungsfreien Verlaufs. Die das Stadtbild prägende Viadukt-Bahn war die erste in Europa. Als älteste Brücke des Stadtbahnviadukts gilt die Spreebrücke am Bahnhof Friedrichstraße, die 1882 aus sechs genieteten Zweifachgelenkfachwerkbögen aus Schweisseisen gebaut wurde. Bei der Instandsetzung im Jahre 1997 konnten nur die vom Reichstag sichtbaren Bögen I

Die Stadtbahnstrecke – auch als der „größte europäische Bahnhof" bezeichnet.

Sammlung Reiner Preuss

und II mit einer einzigen Gleislage erhalten bleiben, die anderen Bögen, die mehrere Gleise tragen, mussten durch neue ersetzt werden. Mit der Grundsanierung erhielt die Stadtbahn zwischen Ostbahnhof und Charlottenburg statt Schottergleise die Feste Fahrbahn „Bauart Berlin", indem in Betonwannen das Gleisjoch kam und mit Beton ausgegossen wurde. Zudem wurde auf dieser Strecke eine einzige, 25 cm starke und 18 m breite, über den Viadukt hinausragende Stahlbetonplatte gegossen, die 530 Viaduktbögen wie ein Dach schützt. Sie ist mit dem Dachgefälle von 1,5% von der Mitte nach den Außenseiten geneigt, so dass das Regenwasser gut ablaufen kann.

Auf der Stadtbahn mit den Betriebsstellen Ostbahnhof, Jannowitzbrücke (nur S-Bahn), Alexanderplatz, Hackescher Markt (nur S-Bahn), Friedrichstraße, Hauptbahnhof, Bellevue (nur S-Bahn), Tiergarten (nur S-Bahn), Zoologischer Garten, Savignyplatz (nur S-Bahn) und Charlottenburg fahren keine Güterzüge.

In keiner anderen Stadt lassen sich vom Eisenbahngleis die Sehenswürdigkeiten so gut betrachten wie in Berlin auf der Stadtbahn. Eine Vielzahl historischer Bauten sind in der Nähe der Stadtbahn zu finden und von ihr aus gut zu erreichen: der Alexanderplatz mit der Weltzeituhr – als Uhr ohne Zeiger von Erich John entworfen und 1969 aufgestellt, der 368 m hohe Fernsehturm mit 203 m hoher Aussichtsplattform und drehbarem Café, die in Gold blinkende Neue Synagoge, die von der Eisenbahn überquerte Museumsinsel, die Humboldt-Universität, das Empfangsgebäude vom ehemaligen

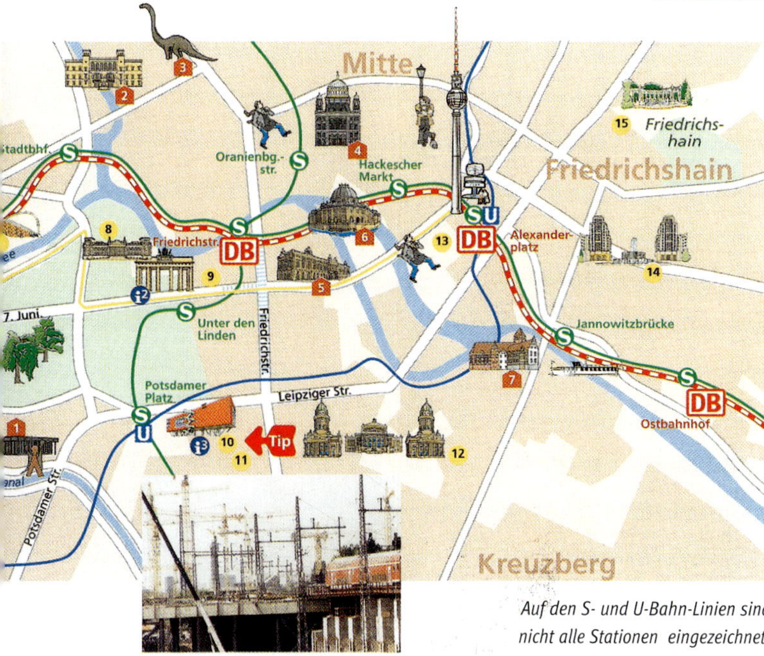

Auf den S- und U-Bahn-Linien sind nicht alle Stationen eingezeichnet.

Hamburger Bahnhof, das Reichtagsgebäude (offiziell „Plenarbereich Reichstagsgebäude") mit der Foster-Kuppel, das Bundeskanzleramt, der 2006 fertiggestellte Hauptbahnhof, die Siegessäule im Tiergarten, Schloß Bellevue, die Kaiser-Wilhelm-Gedächtniskirche und das Theater des Westens. Wer alte Stadtbahnhöfe sehen will, muss die S-Bahn-Stationen Hackescher Markt und Bellevue aufsuchen. Diese zwei Stationen sehen fast noch so aus wie zu der Zeit der Stadtbahneröffnung. Die anderen sind mehrmals umgebaut und damit erneuert worden. An der Ausfahrt vom Ostbahnhof in Richtung Westen ist noch etwas zu entdecken. Die Hauswand eines derzeit leeren Gebäudes an der Andreasstraße zeigt zur S-Bahn zu das Relief der einstigen Firma „Julius Pintsch". Das war die Firma, die der Eisenbahn in ganz Deutschland u. a. die Einrichtung zur Gasbeleuchtung in den Personenwagen und die Heizkupplungen für die Dampfheizung lieferte.

Cityziel 1

Alexanderplatz

Der Alexanderplatz ist eins der zwei Stadtzentren in Berlin, auf die die Verkehrsschilder weisen. Seine Bezeichnung verdankt er dem Besuch des russischen Zaren Alexander I. im Jahre 1805. Einst ein verkehrsreicher Knotenpunkt im Osten Berlins, musste er schon manchen Umbau über sich ergehen lassen, und ein Ende ist nicht abzusehen, denn neue Pläne widmen ihm eine Konzentration von Hochhäusern, mehr als am Potsdamer Platz. Wo mehrere Straßenbahnlinien kreuzten,

verlegten DDR-Architekten Straßen und Fußgängerwege unter die Erde. Unterirdisch verlaufen hier auch drei U-Bahn-Linien. Oben sollte ein freier Platz für Volksfeste und wohl auch Kundgebungen bleiben. Die denkwürdigste fand hier am 4. November 1989, kurz vor dem Mauerfall statt, als Hunderttausende sich vom DDR-Regime abwandten. Eine Platte auf dem Platz erinnert daran.
Die Umgestaltung in den 60er/70er Jahren verhinderte nicht, daß der Platz eintönig wurde, dem abzuhelfen gelang auch nicht mit der Weltzeituhr, dem 123 m hohen Hotelgebäude, einem Warenhaus und dem bunten Womacka-Brunnen. Mit der neuen Platzgestaltung, und dazu gehören mehrere Hochhäuser, versprechen die Architekten einen attraktiven Ort zu gestalten. Nicht jeder glaubt das. Seit dem 18. Dezember 1998 fährt wieder die Straßenbahn über den Platz – in Schrittgeschwindigkeit, weil der Gleiskörper sich nicht von der Fußgängerzone absetzt. Der DDR-Führung passte sie nicht auf den Kundgebungsplatz, sie musste zwischen Mollstraße und Hackeschen Markt den Platz weiträumig umfahren. Einen Bahnhof erhielt der Alexanderplatz mit dem Bau der Stadtbahn im Jahre

Vier Streckengleise überspannt die Halle des Bahnhofs Alexanderplatz. *Foto: DB AG/Leupold*

1882. Er musste sich dem Viadukt angleichen und wurde am 7. Februar eröffnet. Die Bahnhofshalle fügte sich in die städtische Bebauung gut ein, denn bis weit in die letzten Kriegsjahre standen beiderseits des Bahnhofs hohe Gebäude. Der Bahnhof besaß zwei Gleise für den Fernverkehr und zwei für die Stadtbahn. Auf westlicher Seite lagen die Kehrgleise der S-Bahn und für die Zentralmarkthalle bis 1969 ein Anschlussgleis, dessen Lage heute am Widerlager der Brücke über die

Die Weltzeituhr ist das Wahrzeichen des Alexanderplatzes. *Foto: Erich Preuß*

Die Stadtbahn im östlichen Stadtzentrum. Ganz oben (neben dem Schaft des Fernsehturms) die Halle vom Bahnhof Alexanderplatz. *Foto: Reiner Preuß*

Rosa-Luxemburg-Straße nur schwer zu erkennen ist. Anstelle der Markthalle steht das „Alex-Carreé“.
Mehrmals sind Bahnhof und Empfangsgebäude umgebaut worden, so 1926, 1932, nach den Kriegsbeschädigungen 1951 und 1964. Die neue Bahnhofshalle geriet gegenüber den Vorkriegshallen kürzer. In den Nachkriegsjahren büßte der Bahnhof seine Funktion für die Fernzüge ein, das südliche Gleis blieb durchfahrenden Fernzügen zwischen Ostbahnhof und Friedrichstraße vorbehalten. Um dem tristen Eindruck im Zentrum der DDR-Hauptstadt abzuhelfen, kam es 1983 im Bahnhof zu Veränderungen, indem kleine Läden, Bierbars u. a. eingerichtet wurden. Dabei verlor der Dienstvorsteher (Leiter des Bahnhofs) sein großzügiges Dienstzimmer. Ebenfalls attraktiver sollte der Bahnhof bei der Umgestaltung 1995/96 werden, indem

zu den Bahnsteigen mehr Aufzüge und Rolltreppen führten und im Untergeschoß eine Geschäftswelt entstand. Die Arkaden erhielten Torbögen aus Glas, und so wurde das historische Detail des alten Mauerwerks sichtbar. Der westliche Bahnsteig ist nun mit zwei Gleisen für Züge des Regionalverkehrs und für durchfahrende eingerichtet worden. Die S-Bahn benutzt seit dem 24. Mai 1998 nur noch den Inselbahnsteig auf der nördlichen Seite unter der 160 m langen und 20 m hohen Halle.
Mit Regionalzügen, S-Bahn, U-Bahn, Buslinien und Straßenbahn am Alexanderplatz ist der Bahnhof mit täglich 3000 Besuchern ein lebhafter Umsteigepunkt, jedoch gilt er auch wegen der zahlreichen Sehenswürdigkeiten, die sich in seiner Nähe befinden, als Ziel.

Cityziel 2

Hackescher Markt

Hackescher Markt ist die dritte Bezeichnung für den S-Bahn-Haltepunkt zwischen Alexanderplatz und Friedrichstraße. Bis 1992 hieß die S-Bahn-Station an der Spree und in Nähe der Museumsinsel „Marx-Engels-Platz“ nach dem weiter entfernten Raum, der heute wie früher Schloßplatz heißt, und da die Berliner Börse in der Nähe war, nannte man die S-Bahn-Station anfangs „Börse“. Hier finden wir eine der besterhaltenen Stationen noch aus der Zeit von 1882. Ihr Mittelbahnsteig liegt auf dem Stadtbahnviadukt unter einer nur 8 m hohen Halle von 104 m Länge und 17 m Breite. Der Bahnsteig ist 200 m lang, ragt aus der Halle heraus. Er wurde so 1926/28 verlängert.

An der S-Bahn-Station Hackescher Markt halten die ICE-Züge zwar nicht, dennoch bieten sich hier dem Eisenbahnfreund interessante Durchfahrten. Foto: Bodo Schulz

Von der Verlängerung aus lassen sich gut die Züge in Richtung Friedrichstraße beobachten, die zwischen Pergamon- und Bode-Museum hindurchfahren. Die Fernbahngleise führen außen an der Halle vorbei.
Das Gebäude hatte die Chance, vollständig im Original erhalten zu bleiben, denn es überstand den Krieg im wesentlichen unbeschädigt. Die Halle wirkte jedoch etwas düster, ihre gelben und roten Klinkersteine waren im Laufe der Zeit verschmutzt. Das durfte so nicht bleiben, als 1971 in Ost-Berlin die Weltfestspiele stattfanden. Beiderseits der Bahnsteige wurde die Halle mittels roter Plastplatten „verschönt", und dabei sind viele originale Ornamentziegel von den farbigen Mosaiken für die Befestigung des häßlichen Belags abgeschlagen worden. Darauf kamen Großfotos vom Kampf der Arbeiterklasse. Den Namen „Marx-Engels-Platz" hatte die S-Bahn-Station bereits 1951 erhalten, schließlich gab es in der sozialistischen DDR weder Aktien noch eine Börse. Ihr Gebäude war im Krieg zerstört worden, ein Nachfolger stand nun in West-Berlin.
Am 31. Mai 1992 erhielten Platz und S-Bahn-Station die Bezeichnung „Hackescher Markt". Während der Stadtbahnsanierung blieb die Station 1994/96 für Züge in einer Richtung geschlossen. Das wurde als Gelegenheit genutzt, das gesamte Gebäude zu sanieren. Die üble Plastverkleidung wurde entfernt, die farbigen Klinker gereinigt, beschädigte durch originalgetreu neu gebrannte ersetzt. Das dunkle Hallendach ist mit Glas durchbrochen, so dass auf den einst immer finsteren Bahnsteig Tageslicht fällt, eine der wenigen Maßnahmen im Widerspruch zur Historie. Sonst gilt diese

S-Bahn-Station als Schmuckstück. Von ihr sind das Aquarium mit Lift „Aqua-Dom", der Berliner Dom, Museumsinsel, St.-Hedwigs-Kathedrale, Staatsoper, Neue Wache, Neue Synagoge und die Hackeschen Höfe – größter Wohn- und Arbeitskomplex Europas mit acht Höfen, heute Ort der Kultur und Kneipen – gut zu Fuß zu erreichen.

Der Bahnhof Friedrichstaße in einer Aufnahme knapp nach 1900

Sammlung Reiner Preuß

Cityziel 3

Friedrichstraße

In Betrieb ging der Bahnhof Friedrichstraße 1882 als Fern- und Stadtbahnhof mit der Einweihung der Stadtbahn, und schon 1913 begann der Umbau, der – bedingt durch Unterbrechungen wegen des Krieges – erst 1925 endete. Die S-Bahn erhielt 1923 einen neuen Bahnsteig, der mittlere diente fortan den Fernzügen als zusätzlicher Bahnsteig zum südlichen. Zu einem unterirdischen Bahnsteig an einer neuen Verbindung zwischen Anhalter und Stettiner Bahnhof kam es noch nicht. Erneuert wurden die beiden bisherigen Bahnsteige, der neue S-Bahnsteig erhielt eine 19 m breite

Zur Jahrhundertwende ließ die DB AG den Bahnhof Friedrichstraße renovieren. S-Bahn-Verkehr gibt es nicht nur in dieser Halle, auch zwei Ebenen darunter im Nord-Süd-Tunnel. *Foto: DB AG*

Halle. In dieser Form ist der Bahnhof auch heute zu sehen. Den unterirdischen Bahnsteig der U-Bahn gibt es seit 1923. Ebenfalls unterirdisch bekam der Bahnhof einen weiteren S-Bahnsteig im Jahre 1936, von Richard Brademann entworfen. Er gehört zur Nord-Süd-Bahn, die zwischen Stettiner Bahnhof und Unter den Linden als Arbeitsbeschaffungsprogramm zu den Olympischen Spielen im Juli 1936 zur Hälfte fertiggestellt wurde. Bei der offenen Bauweise musste der Bahnhof Friedrichstraße mit einer besonderen Konstruktion abgestützt werden. Nach der Inbetriebnahme der neuen Strecke wurde der Bahnhof zum besonderen Umsteigepunkt mit zahlreichen Zu- und Abgängen.

Mit der Abriegelung der Westsektoren wurde das Bauwerk zum Grenzbahnhof mitten in der Stadt. Die zwei Bahnsteige zur Nordseite waren der S-Bahn vorbehalten, davon der nördliche nur für die Ost-Berliner, der mittlere für die Fahrten von und nach West-Berlin, abgetrennt hinter den Grenzsperren. Die S-Bahn-Züge des öffentlichen Verkehrs endeten an diesem Bahnsteig. Ebenso lag der nunmehr für den Fernverkehr einzige Bahnsteig an der Südseite innerhalb des Kontrollbereichs, für Ost-Berliner ohne Genehmigung nicht mehr zugänglich. Zwischen den „Ost"- und „West"-Bahnsteigen versperrten Bleche zwischen den Hallenträgern die Sicht, sie machten es unmöglich, zwischen den Bahnsteigen zu wechseln, ohne durch das „Kontrollterritorium" zu gehen.

An der Brücke auf der südlichen Seite waren Sichtblenden befestigt, die den an sich fast unmöglichen Zugang noch erschweren sollten. Zusätzlich standen zwei mit bewaffneten Grenzsoldaten besetzte Wachtürme auf dem Bahnhof. Unter den westlichen Hallenbogen patrouillierten Grenzer, die jeden un-

U -Bahn-Zugang in der Friedrichstraße unterm Bahnhof Friedrichstraße. Für den Berlin-Besucher nicht uninteressamt: Man kann (nach Registrierung) bei der Bahn Räder leihen. *Foto: DB AG*

Ansicht des Bahnhofes Friedrichstraße von Westen, 1996
Foto: B. Schulz

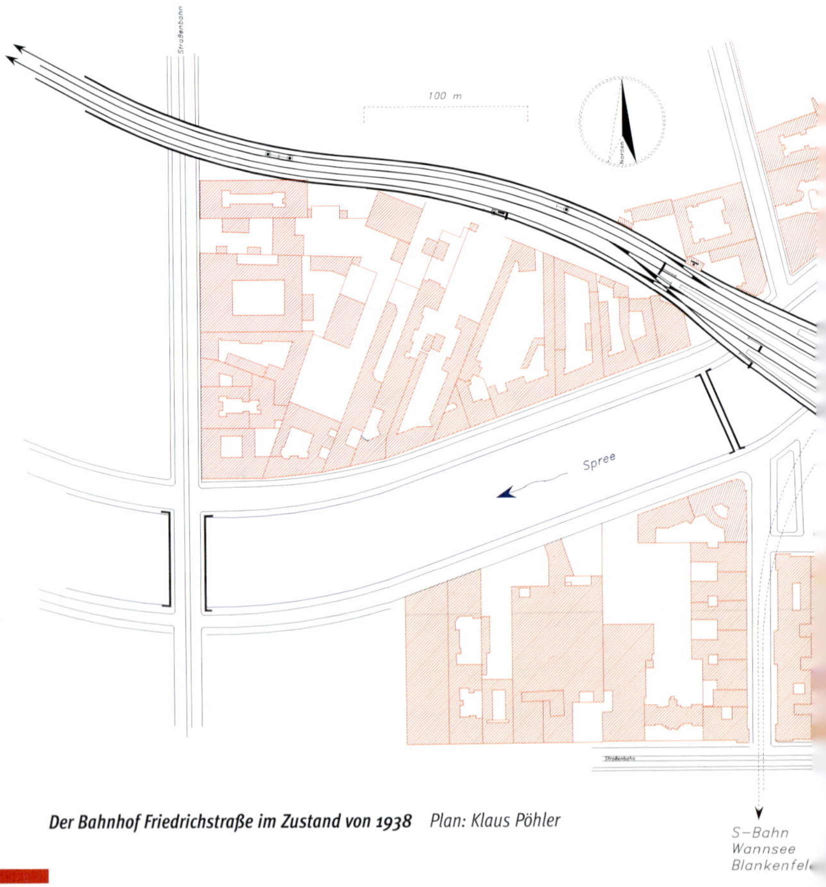

Der Bahnhof Friedrichstraße im Zustand von 1938 Plan: Klaus Pöhler

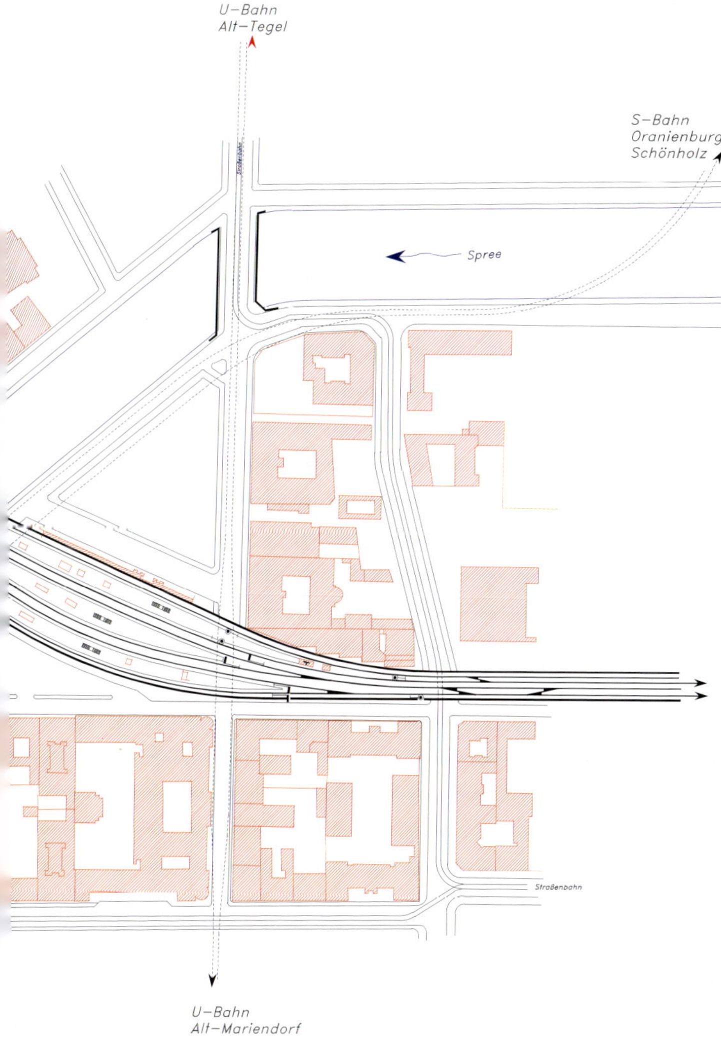
U-Bahn
Alt-Tegel
S-Bahn
Oranienburg
Schönholz
Spree
Straßenbahn
U-Bahn
Alt-Mariendorf

kontrollierten Wechsel in dem zweigeteilten Bahnhof zu verhindern hatten. Dabei zog sich die Grenzlinie zwischen Ost- und West-Berlin nicht durch diesen Bahnhof, die Linie lag 1200 m entfernt am westlichen Spreeufer unmittelbar vor dem Lehrter Stadtbahnhof.
Ebenfalls waren der Zugang zu den Bahnsteigen des Nord-Süd-Tunnels und zur U-Bahn hermetisch abgeriegelt. Ein System von Kontrollplätzen, Türen und Gängen machte 1961 den innerstädtischen Umsteigebahnhof zum Labyrinth und zugleich zum streng kontrollierten Personenübergang zwischen Ost- und West-Berlin. Während innerhalb des Bahnhofs Friedrichstraße die Kontrollplätze für die Einreisen nach Ost-Berlin lagen, war der Kontrollraum zur Ausreise in einem 1961 gebauten Pavillon auf dem Platz der Nordseite untergebracht. Reisende in den Westen mussten vor dem Pavillon verabschiedet werden, denn die Vorkontrolle hinter den Eingangstüren erlaubte Personen ohne Ausreisegenehmigung nicht den Zugang. So wurde die vom Empfangsgebäude nur über einen unterirdischen Zugang verbundene Ausreisehalle als „Tränenpalast“ bekannt. Ihn gibt es als selbständiges Veranstaltungsgebäude heute noch.
Den Charakter als Grenzbahnhof erhielt Friedrichstraße nicht erst 1961. Reisende der S-Bahn-Züge wurden schon vorher kontrolliert, hauptsächlich nach Waren, die sie nicht nach West-Berlin mitnehmen durften. Dafür hatte man 1953 den Fernbahnsteig B für die S-Bahn-Züge in Richtung Osten eingerichtet, so dass für die S-Bahn-Züge in beiden Richtungen genügend Kontrollzeit blieb. Auf zwei Bahnsteigen entstanden Kommandotürme in den Jahren 1951 und 1955. Die

Unterbrechung des S-Bahn-Verkehrs endete hier am 2. Juli 1990.
Für 220 Millionen Mark ließ die Deutsche Bahn 1995/1999 den Bahnhof umbauen und im Empfangsgebäude mit einer Einkaufspassage ergänzen. An den Bahnsteigen, wo einst die Züge DDR/BRD abfuhren oder ankamen, halten jetzt die RE- und RB-Züge, die Züge des Fernverkehrs fahren durch. Das Empfangsgebäude zeigt nahezu das Bild der Vorkriegszeit, die zweischiffige Bahnsteighalle erhielt viel Glas, so dass das Tageslicht gut auf die Bahnsteige fällt.

Von der Stadtbahn aus gibt es reizvolle Sichten auf die Spree, Bilder dieser Seite: DB AG

Von hier ist es nicht weit zum gleichnamigen Schloss, das, frisch renoviert, Amtssitz des Bundespräsidenten ist.

Cityziel 3

Bellevue

Das Gebäude mit Hallendach erinnert noch mehr an den Ursprung der Berliner S-Bahn als die Station Hackescher Markt. Ebenso auf dem Stadtbahn-Viadukt und mit Mittelbahnsteig, der für die elektrischen Züge auf 160 m in Richtung Westen verlängert wurde, besitzt die Station eine 93 m lange und 17,75 m breite Halle. 1994/96 wurde die Station instandgesetzt, so dass Ornamente und Rosetten in der Wandzone wieder sichtbar sind. Die Halle wird überspannt mit einer neuen Stahlkonstruktion, die durch einen Längsschnitt im First das Tageslicht auf den Bahnsteig fallen lässt.

An der S-Bahn-Station befindet sich der 20 ha große Park mit dem Schloß gleichen Namens, das Amtssitz für den Bundespräsidenten ist.

Unter dem Potsdamer Platz verläuft die Nord-Süd-S-Bahn *Foto: Bodo Schulz*

Nord-Süd unterirdisch

Zur Nord-Süd-S-Bahn gehören die Stationen Nordbahnhof (ehemals Stettiner Bahnhof; unterirdischer Teil), Oranienburger Straße, Friedrichstraße, Unter den Linden (Brandeburger Tor), Potsdamer Platz, Anhalter Bahnhof (unterirdischer Teil).

Die Planung für die innerstädtische, zum Teil unterirdisch verlaufende und als Nord-Süd-S-Bahn benannte Strecke, begann schon 1907. Damit sollte die Verbindung zwischen den im Norden und im Süden gelegenen Fernbahnen als S-Bahn hergestellt werden. Der Plan lebte als Arbeitsbeschaffungsprogramm 1933 wieder auf. Die inzwischen beim Bau der U-Bahn-Strecken gewonnenen Erfahrungen mit der offenen Baugrube ließen sich gut nutzen. Da auf der Strecke keine Fernzüge fahren sollten, genügten als lichte Höhe 3,80 m und als lichte Breite 8,42 m, jedoch mussten, mitunter tief unter bestehenden Gebäuden gegraben und nicht wenige Häuser abgetragen werden. Schwierig war auch die Unterquerung der Spree, des U-Bahn-Tunnels und des Bahnhofs Friedrichstraße. Der Bau der Tunnelstrecke begann am Stettiner Bahnhof. Beim Einsturz zwischen Brandenburger Tor und Potsdamer Platz am 20. August 1935 verunglückten 19 Bauarbeiter tödlich. Nach knapp sechs Jahren waren die Verbindung mitten durch die Stadt zwischen diesem Bahnhof und Mahlow und der Anschluss an die Wannseebahn hergestellt.

Um den Vormarsch sowjetischer Verbände aufzuhalten, sprengten kurz vor Kriegsende am 2. Mai 1945 SS-Verbände die Unterfahrung unter dem Landwehrkanal, so dass der Tunnel absoff. Am 15. November 1947 ließ sich, nachdem der Tunnel beräumt und getrocknet war, auf der Gesamtstrecke wieder voll fahren.

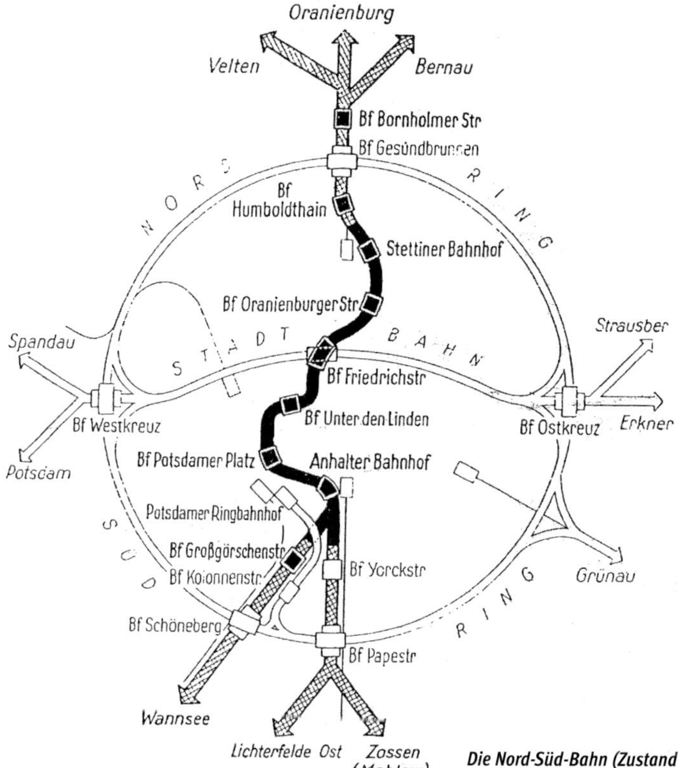

Die Nord-Süd-Bahn (Zustand 1939) *Slg. R. Preuß*

Die Sperrmaßnahmen von 1961 betrafen auch die Nord-Süd-S-Bahn, schließlich unterfuhren auf ihr die S-Bahn-Züge Ost-Berliner Gebiet. Die Stationen in Ost-Berlin wurden mit Ausnahme von Friedrichstraße geschlossen und von bewaffneten Grenzern besetzt, die die Züge, die an den Bahnsteigen vorbeischlichen, beobachteten. Auf dem Bahnhof Friedrichstraße hielten die Züge. Hier konnten die Fahrgäste zur U-Bahn, zur oberirdischen S-Bahn und zu den Fernzügen, soweit diese nach West-Berlin fuhren, wechseln. Die Ausgänge nach Ost-Berlin sowie die nach Osten verkehrende S-Bahn erreichte man nur mit einer Einreiseerlaubnis in die DDR und über eine strenge Pass- und Zollkontrolle. Mit dem Mauerfall 1989 war die Zeit der „Geisterstrecken“ zu Ende. Von 1991 bis 2005 dauerten Sanierungsarbeiten, die das Gleis und die Signaltechnik betrafen. Hier signalisierten zum letzten Male in Berlin die Signalverbindungen dem Zug die Erlaubnis zur Weiterfahrt. Jetzt stehen neue Signale am Gleis.

So wie die Untergrundbahn mitunter oberirdisch fährt, fahren manche S-Bahn-Züge im Untergrund (Bahnhof Friedrichstraße).
Foto: DB AG

Ziele im Westen

Stadttour 1

Westkreuz

Als S-Bahnhof ist Westkreuz eine einfache Station, anders als sein Pendant im Osten. In der unteren Ebene liegen zwei Inselbahnsteige für die Richtungen Berlin–Potsdam und Spandau. Die Strecke nach Spandau zweigt hier ab. Darüber als zweiter Kreuzbalken ein Bahnsteig für Züge des Vollrings. Rolltreppen und Aufzüge – auch anders als beim Ostkreuz – erleichtern das Umsteigen. Von hier aus ist es nicht weit zum Internationalen Kongresszentrum (ICC), Funkturm oder Messegelände, deshalb hieß der Bahnhof zuerst bis 1932 „Ausstellung". Inzwischen gilt die Station Messe Süd als Messebahnhof, von ihr ist der Weg zu den Hallen kürzer. Die Westkreuz umschließenden Ferngleise bilden ein Knäuel von Schienenwegen. Da führt die zweigleisige Strecke vom Bahnhof Berlin Zoologischer Garten zum Bahnhof Berlin-Wannsee vorbei und berührt unmittelbar hinter Westkreuz den Bahnhof Grunewald. Auf einem Damm liegt in der Krümmung die zweigleisige Strecke nach Berlin-Spandau, über die die Züge nach Köln, Frankfurt (Main) und ins Umland fahren. Zudem gibt es die zweigleisige Verbindung zum Bahnhof Westend oder nach Süden zum Bahnhof Halensee. Von Halensee zum Bahnhof Charlottenburg sind über eine Kurve die S-Bahn-Gleise verbunden, jedoch nicht für den öffentlichen Verkehr. Andere Kurven verbinden die Ferngleise miteinander oder führen in benachbarte Bahnhöfe, zum Beispiel von Halensee nach Grunewald.

Westkreuz ist wie Ostkreuz ein reiner S-Bahnhof, es gab allerdings von 1994 bis 1997 einen Bahnsteig für Nahverkehrszüge nach Nauen. Das Empfangsgebäude stand mit Stellwerksturm in der Nord-West-Ecke. Untergrundprobleme neigten den Turm, so dass trotz versuchter Abhilfe (die Halle der Ringbahn wurde mit Hydraulik 60 cm gehoben) Empfangsgebäude und Stellwerksgebäude 1993 abgerissen werden mussten.
Vom Bahnsteig aus ist wenig von den vielfältigen Gleislinien zu sehen, besser ist die Sicht von der Straßenbrücke auf die Gleise der unteren Ebene. Von der 126 m hohen Aussichtsplattform des Funkturms,

Berlin Olympiastadion: Als „Durchgangsbahnsteig" wird jener bezeichnet, an dem die S-Bahn nach Berlin-Spandau einen Zwischenhalt einlegt. Die übrigen Bahnsteige sind den endenden Zügen bei Großveranstaltungen vorbehalten. *Foto: Reiner Preuß*

einem Wahrzeichen Berlins, lassen sich die Eisenbahnanlagen besser betrachten. In Bahnhofsnähe steht die Schaltwarte Halensee, in der sich wiederum die Betriebszentrale der S-Bahn befindet.

Olympiastadion

In der Stadt und auch außerhalb gibt es mehrere Pferderennbahnen. Für die Rennbahnen im Grunewald und Karlshorst und außerhalb Berlins für die in Hoppegarten baute die Eisenbahn Bahnstationen, Rennbahnhöfe genannt. Aus einer solchen ist der Bahnhof Olympiastadion hervorgegangen, denn 1909 fand unter den Augen des Kaisers die erste Veranstaltung auf der Rennbahn Grunewald statt, und gleichzeitig wurde der Bedarfs-Haltepunkt „Rennbahn“ eröffnet. Von 1911 an mit der Eröffnung der Strecke Heerstraße–Spandau hielten regelmäßig die Züge auf einem neuen „Durchgangsbahnsteig“. Die Bezeichnung „Stadion – Rennbahn Grunewald“ erhielt die Station im Jahre 1930 und fünf Jahre später den Namen „Reichssportfeld“, denn für die Sportanlagen zu den XI. Olympischen Spielen der Neuzeit in Berlin war das Gelände aufgekauft worden. Die S-Bahn-Station wurde für die Olympiade umgebaut, indem anstelle des alten hölzernen Empfangsgebäudes ein Langbau mit Pfeilern kam. Von dem Bahnhof fuhren während der Olympischen Spiele im August 1936 je Stunde 48 000 Fahrgäste, täglich 2 Millionen. Für diesen gewaltigen Ansturm gab es zehn Bahnsteigkanten,

S-Bahnhof Witzleben am Vollring. Davor liegen die von Güterzügen befahrenen Gleise von Moabit nach Grunewald. *Foto: Reiner Preuß*

Im Stil der Zeit: Einem Burgtor ähnelt das Empfangsgebäude von Berlin-Grunewald aus dem Jahr 1899.
Foto: Reiner Preuß

und damit wurde diese Station zum größten deutschen S-Bahnhof. Seit 1960 trug die Station den neuen Namen „Olympiastadion", hieß doch die gesamte Sportanlage bereits seit 1950 so (auch der U-Bahnhof – zur Unterscheidung mit dem Zusatz „Ost").
Die großzügig angelegten Bahnsteige verkamen nach 1961, als die West-Berliner wegen des Mauerbaus die von der DDR betriebene S-Bahn boykottierten; Sonderzüge lohnten sich nicht mehr. Der übrige Zugverkehr nach Spandau wurde nach dem Streik der S-Bahner in West-Berlin 1980 eingestellt. Nach der Wiedervereinigung wurde die S-Bahn-Strecke nach Spandau 1998 wieder in Betrieb genommen und auch der S-Bahnsteig der Station Olympiastadion instandgesetzt. Für Sonderverkehre war zunächst ein einziger Bahnsteig instandgesetzt worden. Im gleichen Jahr wurde jedoch an den übrigen Anlagen gearbeitet, so dass seit 1999 für den Sonderverkehr zehn Gleise mit Bahnsteigen zur Verfügung stehen, jedoch für jeden Zug nur mit einer Bahnsteigkante. Innerhalb einer Stunde können 40 000 Fahrgäste an- oder abreisen. Die Station gilt als einer der leistungsfähigsten Bahnhöfe Deutschlands. Die Deutsche Bahn schuf schon 2001 für Großveranstaltungen im Olympiastadion die Möglichkeit, zwischen den Bahnhöfen Zoologischer Garten und Westkreuz im 90-Sekunden-Takt zu fahren.

Grunewald

Der Rangierbahnhof Grunewald war anfangs als Ortsgüterbahnhof eingerichtet und mit dem aus zwei Lokomotivschuppen und 16 Ständen bestehenden Werkstättenbahnhof ergänzt worden. Für den Personenverkehr diente seit 1879 die Haltestelle Hundekehle (1884 in Grunewald umbenannt) und als S-Bahnhof seit 1928 mit einem der noblen Umgebung entsprechenden Empfangsgebäude.

Daten zum Berliner Nahverkehr

18.2.1892: Eröffnung der U-Bahn zwischen Warschauer Brücke und Knie (heute Ernst-Reuter-Platz)
19.11.1905: Erste Motor-Omnibusse (zwischen Hallesches Tor und Chausseestraße)
21.6.1920: Letzter Pferde-Omnibus im Tagesverkehr
1.1.1929: Zusammenschluss der Gesellschaft für elektrische Hoch- und Untergrundbahnen in Berlin, der Allgemeinen Berliner Omnibus-Actien-Gesellschaft (ABOAG) und der Berliner Straßenbahn-Betriebs-GmbH zur Berliner Verkehrs-AG (BVG)
20.1.1937: Aufnahme des regelmäßigen Betriebes mit Stadtgas bei 23 umgebauten Doppeldeckomnibussen
1.1.1938: BVG wird als „Berliner Verkehrs-Betriebe (BVG)" Eigenbetrieb der Stadt Berlin
23.4.1945: Der gesamte innerstädtische Betrieb wird auf Grund von Kampfhandlungen eingestellt.
14.5.1945: U-Bahn-Betrieb wieder aufgenommen auf den Abschnitten Hermannplatz – Bergstraße (Karl-Marx-Straße) und Schönleinstraße – Boddinstraße
1.8.1949: Trennung der BVG in Ost- und Westbetriebe
16.1.1953: Straßenbahnverkehr zwischen Ost und West unterbrochen
13.8.1961: U-Bahn-Linien (1 und 2) zwischen Ostberlin und Westberlin unterbrochen, kein Halt der U 6 und U 8 in Ostberlin
1.1.1967: Alexanderplatz ohne Straßenbahn
2.10.1967: Keine Straßenbahn mehr in Westberlin
1.2.1973: O-Bus-Betrieb in Ostberlin wird eingestellt
6.4.1979: Erste Nachkriegs-Straßenbahn-Neubaustrecke (nach Marzahn)
9.1.1984: Übernahme des S-Bahn-Betriebs in Westberlin durch die BVG (West)
1.7.1989: Verlängerung der U-Bahn-Linie 5 vom Elsterwerdaer Platz nach Hönow (6,7 km)
1.7.1990: U-Bahn-Züge der Linien U 6 und U 8 halten nach der „Wende" wieder auf allen Bahnhöfen
1.1.1992: Zusammenschluss von BVB (= Ost) und BVG (= West) als „Berliner Verkehrsbetriebe (BVG)"
26.5.1992: Mitteldurchfahrt des Brandenburger Tores wird für Omnibusse und Taxis geöffnet
1.1.1993: Straßenbahn Adlershof–Altglienicke eingestellt
14.10.1995: Neue Straßenbahnlinie Bornholmer Straße–Luise-Schroeder-Platz
1.6.1996: Letzter Gotha-Straßenbahn-Großraumwagen ausgemustert
18.12.1998: Nach 32 Jahren wieder Straßenbahn über Alexanderplatz
17.12.1999: Erster Zweirichtungs-GT6-Straßenbahnzug (weil Station Warschauer Straße ohne Gleisschleife ist)
29.9.2000: Verlängerung der Straßenbahnlinie von Französisch Buchholz nach Buchholz Nord (1,7 km)
28.5.2006: Regionalbahnhof Potsdamer Platz, Regionalverkehr auf Bahnhof Südkreuz und Gesundbrunnen eröffnet

Mehrmals wurde der Rangierbahnhof erweitert und umgebaut, die Gleise nach Wannsee kamen an die Nordseite des Bahnhofs. Gleichzeitig diente Grunewald als Abstellbahnhof, verbunden mit dem Bahnhof Charlottenburg. Über 1 000 Wagen waren in Grunewald beheimatet. Villensiedlungen begrenzten den Bahnhof, immerhin gab es zu den mehr als 90 Gleisen noch das Bahnbetriebswerk und das Reichsbahnausbesserungswerk.
Schon seit 1923 sank die Bedeutung des Bahnhofs, indem der außerhalb Berlins gelegene Bahnhof Seddin Güterzugleistungen von Grunewald übernahm. Luftangriffe und später die Explosion abgestellter Munitionszüge im Juni 1945 zerstörten die Bahnhofsanlagen. Gleise verschwanden mit der Demontage für die Reparationsleistungen. Die Abriegelung West-Berlins führte zu weiteren Einbußen; Grunewald wurde immer mehr zum Abstellbahnhof, u. a. für britische und amerikanische Militärzüge. Die ersten ICE-Züge nach Berlin endeten im Bahnhof Berlin Zoologischer Garten und wurden nach Grunewald zurückgedrückt, weil nach Osten die Stadtbahn wegen Sanierungsarbeiten gesperrt war. Das Bahnbetriebswerk Grunewald wartete diese Züge, bis 1998 die Stadtbahn wieder in Betrieb ging und Züge nun überwiegend in Rummelsburg gewartet und abgestellt werden. Wenige fahren noch nach Grunewald.
Der Bahnhof Grunewald ist verbunden mit einem schlimmen Kapitel deutscher Geschichte. Von hier ließen Nazis mit 186 Zügen 56 000 jüdische Bürger in die Konzentrationslager deportieren, erstmals am 18. Oktober 1941. Daran erinnert seit 1998 eine Gedenkstätte am 140 m langen Gleis 17.

Ein Empfangsgebäude als Schloss: Die historische Station Nikolassee

Erinnerung an Deportation und Völkermord auf dem Bahnhof Berlin-Grunewald

Das Gleis 17 am Bahnhof Berlin-Grunewald ist Gedenkstätte. Fotos dieser Seite: R. Preuß

Berlin-Nikolassee

Das Empfangsgebäude Nikolassee zeigt wahrlich den Stolz der Bürger auf die Eisenbahn. Ziergiebel und Turm machen das bunte Bauwerk zum überraschenden Blickfang, denn es ähnelt einem Schloss. Der 1902 eröffnete S-Bahnhof hat zwei Bahnsteige in unterschiedlicher Höhe, unten von der Wannseebahn (von Zehlendorf), oben von der Wetzlarer Bahn (von Grunewald), die mit einem Tunnel verbunden sind. Den S-Bahnhof benutzen nicht nur die Bewohner des Ortsteils, von hier aus ist gut das Strandbad Wannsee zu erreichen, während der Nikolassee eine unzugängliche, flache „Pfütze“ ist.

Griebnitzsee

In Vergessenheit geriet, dass in Griebnitzsee eine Strecke von Zehlendorf einmündete, die nicht über Wannsee führte, sondern auf geradem Weg über Dreilinden und sich „Stammbahn“ nannte. Neue Pläne sehen vor, die Strecke wieder einzurichten. Von Nutzen wäre sie zum Beispiel für die Fahrgäste von Kleinmachnow, die wieder einen Anschluss an das Eisenbahnnetz erhielten und mit Regionalzügen in zwölf Minuten ins Stadtzentrum kämen. Bis 1980 fuhren S-Bahn-Züge ins nahe gelegene Düppel, das die Kleinmachnower seit 1961 nicht mehr erreichten, lag doch ihr Ort außerhalb Berlins, jenseits der Mauer.
In Griebnitzsee fand das S-Bahn-Museum seine Bleibe. Zunächst sollte dem Bahnhof etwas Zeit gewidmet werden, der 1874 als Neu-Babelsberg an der Berlin-Potsdam-Magdeburger Eisenbahn eröffnet wurde. In seiner Nähe etablierte die Ufa ihre Filmstudios, so dass der Bahnhof 1938 den Namen „Babelsberg-Ufastadt“ erhielt. In den Villen am Griebnitzsee wohnten viele Prominente oder waren hier zu Gast, so im Haus Karl-Marx-Straße 66 Heinz Rühmann, Marlene Dietrich, Hans Albers und in der Domstraße 28 Marika Rökk; einige Villen dienten im Sommer 1945 während der Potsdamer Konferenz als Residenz der Siegermächte. Winston Churchill und Clement R. Attlee wohnten in Virchowstr. 23, Harry S. Trumann in Karl-Marx-Straße 2 und Josef Stalin in Karl-Marx-Straße 27. Brademann entwarf das heute denkmalgeschützte Empfangsgebäude. Bis 1932 musste der Deutsche Pavillon von der 1873er Wiener Weltausstellung als Empfangsgebäude genügen. Den

heutigen Namen erhielt der Bahnhof 1949, denn in der Ufastadt produzierte nun die DEFA.
Der Bahnhof Griebnitzsee war als Kontrollstation mit einem Wachturm auf dem Bahnsteig von 1961 bis 1990 wie eine Festung durch Mauern eingefasst und für die Öffentlichkeit unzugänglich. Hier übernahm das Kontrollpersonal die aus West-Berlin kommenden Interzonenzüge und verließ sie in der Gegenrichtung. Das uniformierte Kontrollpersonal kontrollierte bei der Durchfahrt durch die DDR Ausweise, erteilte Visa und hatte aufzupassen, dass keiner den Zug verließ oder – noch schlimmer – ihn bestieg, um so unerlaubt die DDR zu verlassen. Noch sind einige Reste der Befestigung aus dieser Zeit zu sehen.
Im von Brademann entworfenen und nun stillgelegten Gleichrichterwerk ist seit 1996 das Berliner S-Bahn-Museum zu finden. Mitglieder des Berliner Fahrgastverbandes trugen hauptsächlich zusammen, was seit 1984 durch Stillegung und Modernisierung der S-Bahn-Strecken in West-Berlin scheinbar überflüssig wurde. Das Museum will die Atmosphäre der Züge und Bahnhöfe vermitteln und die Sammlung fortwährend ergänzen und ist von April bis November geöffnet.
[Wannsee siehe Seite 52]

Empfangsgebäude von Griebnitzsee: Von hier aus führt der Weg an eine Seenlandschaft, die schon die Filmstars zu schätzen wussten.
Foto: Erich Preuß

Die Außenfassade des Empfangsgebäudes zum Nordbahnhof *Foto: Reiner Preuß*

Ziele im Norden

Stadttour 2

Nordbahnhof

Eine einfache Bezeichnung für eine unterirdische S-Bahn-Station des Nord-Süd-Tunnels, die seit 1950 den Namen „Berlin Nordbahnhof" trägt, weil der bisherige politisch nicht mehr denkbar war, denn nichts sollte an einst deutsche Städte im heutigen Polen erinnern. Einen Nordbahnhof – allerdings nur für Güterverkehr – gab es aber schon, er wurde zur gleichen Zeit in „Berlin Eberswalder Straße" umbenannt. Hier an der Invalidenstraße, wo es einst recht lebhaft zuging, gab es den Stettiner Bahnhof, von dem die Züge an die Ostsee abfuhren, so dass er den Berlinern auch als Ferienbahnhof galt. Von seinem Anbau fuhren 1924 die ersten Berliner S-Bahn-Züge nach Bernau. Mit Inbetriebnahme des Nord-Süd-Tunnels verkehrten sie im Untergrund und endeten nicht mehr im Stettiner Bahnhof, der bis 1961 für die Ostler beliebt war, denn hatte man es bis hierher geschafft, musste man nur den richtigen Ausgang wählen, und war in West-Berlin. Im nördlichen Vorfeld kommen die Züge an die Oberfläche. Von 1961 an fuhren die S-Bahn-Züge hier durch, der Bahnhof war zum „Geisterbahnhof" geworden. Auf der Vorfeldfläche, von hohen Mauern eingefasst, mit Drahtzäunen durchzogen und bewacht, klapperte manchmal der Rangierbetrieb. Seit 1990 halten wieder die Züge der S-Bahn, der Bahnhof wurde während einer Betriebsunterbrechung renoviert. Dicht an ihm hat die Berliner S-Bahn GmbH ihren Sitz.

Der erste Zug fuhr vom Stettiner Bahnhof im Jahre 1842. Ein prächtiges Empfangs-

S-Bahn-Züge BR 480 (rechts), BR 481 (links) und BR 485 (mitte) im Vorfeld des S-Bahnhofs Berlin Gesundbrunnen

Fotos dieser Seite: DB AG/Jazbec

gebäude wurde 1876 eingeweiht. Es überstand den Krieg mit Dachschäden und wurde 1962 abgetragen. Schon 1952 gab es den Personenverkehr nicht mehr.

Gesundbrunnen

Gesundbrunnen wurde im Mai 2006 mit 114 Millionen Euro Baukosten neuer Fernbahnhof für 76 Regional- und 20 Fernzüge, die auf sechs Fern- und Regiogleisen vor und nach dem Weg auf dem Stiel des Pilzes hier halten. Außerdem hat der Bahnhof vier S-Bahn-Gleise, unter ihm befindet sich eine Station der U-Bahn. Der Bahnhof ist nicht in Nordkreuz umbenannt worden, da er selbst kein Eisenbahnkreuz darstellt, das liegt ein Stück weiter weg. Das zweigeschossige, von Ingrid Hentschel und Axel Oestreich entworfene Empfangsgebäude wurde nicht gebaut. Es sollte quer zur Gleislage auf einer Brücke stehen und dadurch für die Reisenden übersichtlich wirken, nun gilt es als überflüssig. Was von weitem wie das Empfangsgebäude aussieht, ist schlicht ein Einkaufszentrum. Der alte Bahnhof Gesundbrunnen sah Personenverkehr seit 1872 mit der Inbetriebnahme der Ringbahn. 1897 besaß der Bahnhof drei Bahnsteige für die S-Bahn und den Vorortverkehr. 1961 fuhren von hier nur nach Sonnenallee die Züge, bis auch sie 1980 eingestellt wurden. So wurde aus dem einst belebten

Kein Empfangsgebäude für den Bahnhof Gesundbrunnen: Stattdessen sieht die DB einen „Verkaufskiosk“ für den Verkauf von Fahrkarten des Fernverkehrs vor.

Bahnhof, der bis 1961 gern von Ostdeutschen für Einkäufe in der Badstraße aufgesucht wurde – schnell war man von der Schönhauser Allee im Osten nach Gesundbrunnen im Westen übergewechselt – bis 1984 ein toter Bahnhof. Jetzt wird auf diesem Bahnhof mit 200 000 Fahrgästen pro Tag gerechnet.

An der gewaltigen Eisenbahnanlage Nordkreuz, die dem Bahnhof Gesundbrunnen den Namen geben sollte, wurde seit 1992 gebaut. Dabei ging es nicht allein um den Wiederaufbau 1961 gekappter Verbindungen wie die Schließung des Vollrings. Das Nordkreuz verbesserte den S-Bahn-Verkehr, den Regional- und

Ein wichtiger Umsteigepunkt der S-Bahn für den West-, Nord- und Ostverkehr ist unter der Bösebrücke die Station Bornholmer Straße. Über dem Tunnelgleis fährt der Zug nach Gesundbrunnen. *Foto: DB AG/Jazbec*

den Fernverkehr so, wie es das an dieser Stelle noch nie gab. Fernzüge aus dem Norden fahren über das Nordkreuz zum Stadtzentrum und nicht mehr zum Bahnhof Berlin-Lichtenberg. Die S-Bahnstrecken von Gesundbrunnen und von der Schönhauser Allee nach Norden, die zwischen 1961 und 1990 mit Grenzzäunen und Mauer in einem größeren Abstand getrennt lagen, blieben bestehen und liegen jetzt in der Station Bornholmer Straße mit zwei Inselbahnsteigen nebeneinander und erleichtern so das Umsteigen. Das Nordkreuz liegt in drei Ebenen: In der Nullebene befindet sich die zweigleisige Fernbahn vom Ostring mit der Verzweigung nach Berlin-Schönholz und über Berlin-Pankow zum Außenring oder nach Norden, in der Minus-1-Ebene die Fernbahngleise des Ringes (nach Lichtenberg und zum Bahnhof Gesundbrunnen) mit den S-Bahn-Gleisen des Vollrings (Schönhauser Allee–Ring). Und 14 Meter unter den Fernbahngleisen, in der Minus-2-Ebene, liegt das S-Bahn-Gleis Ring–Schönhauser Allee. Der Beobachter auf der Behmbrücke sieht nach Norden auf zehn Gleise und mehrere Verzweigungen. Für das Nordkreuz waren 52 Brücken, elf Tunnel und 91 Stützbauwerke zu errichten und 275 000 m^3 an Massen zu bewegen.

Bornholmer Straße

Die S-Bahn-Station Bornholmer Straße ist ein Kind der Nord-Süd-Bahn, die im Norden Berlins weitere Zugänge nutzen wollte. 1961 wurde die auf Ost-Berliner Gebiet liegende Station zugesperrt, S-Bahn-Züge durften nicht mehr halten und fuhren am Mittelbahnsteig durch. Für die Ost-Berliner waren zwei östlich gelegene Gleise elektrifiziert worden, die

Das Empfangsgebäude von Wollankstraße ist nun ohne Funktion. *Foto: Reiner Preuß*

die Verbindung Schönhauser Allee–Pankow herstellten, jedoch ohne Halt an der Bornholmer Straße. Mit der Fahrt auf dieser Verbindung konnte der Ost-Berliner seinen Gästen das Gruseln lehren. Auf der Seite westwärts Mauern, später hohe Streckgitterzäune, ostwärts freies Schussfeld als Schutzstreifen mit Hunden (wegen ihrer beweglichen Anbindung „Oberleitungshunde“ genannt) sowie Sperrzäune und Sperrgebiete. Über die S-Bahn-Station führt eine mächtige Brücke, auf der die DDR einen Grenzübergang einrichtete. Das Bauwerk wurde 1950 Bösebrücke benannt (nach einem Kommunisten, nicht wegen ihres

Charakters als Grenzkontrollpunkt). Die Bösebrücke ging in die Weltgeschichte ein, denn am Abend des 9. November 1989 erzwangen an dem Grenzübergang Ost-Berliner den Durchgang nach West-Berlin, weil sie nach der TV-Ankündigung des Pressesprechers Schabowski das freie Reisen sofort und ohne Papierkram beanspruchten.

Der Senat wollte die S-Bahn-Station schnell wieder eröffnen lassen. Für die Wiederherstellung des als Grenzbefestigung missbrauchten Gebäudes wurden die Architekten Dörr, Ludolf und Wimmer beauftragt. Sie ließen das alte Gebäude auf der Nordseite instand setzen und stellten an die Südseite der Bösebrücke ein neues Bauwerk mit einem fünfeckigen Dachschirm über einen Stahl-Glas-Pavillon. So gibt es auf beiden Brückenseiten jeweils ein Empfangsgebäude. Darunter liegen zwei Bahnsteige für die S-Bahn, auf denen bequem zwischen den Zügen gewechselt werden kann. Die Bösebrücke erlaubt den Eisenbahnfreunden einen guten Überblick über die Eisenbahnanlagen und den Bahnbetrieb. Zwischen Bösebrücke und Gesundbrunnen ist eine neue, y-förmige Fußgängerbrücke entstanden, die Behmstraßenbrücke, die die Gleisanlagen des weiten Nordkreuzes überspannt und zum beliebten Beobachtungspunkt wurde für alle die, die Freude daran haben, den Zugverkehr auf dem Nordkreuz zu beobachten. Schließlich fahren an dieser Stelle täglich etwa 40 Güterzüge und über 350 Regional- und Fernzüge sowie die der S-Bahn.

i Info Oberhavelländische Eisenbahn

In Spandau fahren Lokomotiven der Oberhavelländischen Eisenbahn (OHE), die sich 1972 als Aktiengesellschaft gründete und in Berlin auf dem Bahnhof Johannesstift ein Verwaltungsgebäude, ein Stellwerk und einen Lokomotivschuppen unterhält. In Wirklichkeit gibt es das Unternehmen bereits seit 1892, von den Städten Nauen, Ketzin, dem Kreis Oberhavel und von Zuckerfabriken als Osthavelländische Kreisbahnen (OHKB) gebildet. Die erste Strecke der OHKB ging 1893 zwischen Nauen und Ketzin (17,22 km) in Betrieb, eine weitere 1904 von Nauen nach Velten (25,7 km). 1909 wurde von Bötzow aus Spandau Johannisstift (12 km) erreicht, 1912 die Strecke bis Spandau West verlängert (1,35 km). 1923 ging die Verbindung von Spandau West nach Hennigsdorf unter Benutzung von Straßenbahngleisen (Spandau West–Johannesstift) mit 11,1 km in Betrieb. Seit 1943 nannte sich die OHKB Osthavelländische Eisenbahn (OHE). 1947 wurde sie auf dem Gebiet der sowjetischen Besatzungszone enteignet. Auf der Strecke im Westteil Berlins gab es bis zur Stadtgrenze Personenverkehr noch bis 1950. Seitdem erbringt die Bahn Leistungen nur noch im Güterverkehr, besonders für das Kraftwerk Oberhavel und im Auftrag der Industriebahngesellschaft auf der Industriebahn von Johannisstift nach Hakenfelde.

Wollankstraße

Die S-Bahn-Station Berlin Wollankstraße war während der Mauerjahre die wohl eigenartigste Bahnstation. Sie lag auf Ost-Berliner Gebiet. S-Bahn-Züge hielten für West-Berliner. Ost-Berlinern war sie nicht zugänglich. Die Bezirksgrenze zwischen Wedding und Pankow verlief un-

Die S-Bahn-Station Wollankstraße lag zwar auf Ostberliner Gebiet, dennoch konnten nur Westberliner ein- und aussteigen *Foto: Reiner Preuß*

mittelbar am Bahnhofsgebäude auf westlicher Seite (wie auch beim S-Bahnhof Bornholmer Straße), während die unmittelbare davor liegende Nordbahnstraße samt Bürgersteig zu West-Berlin gehörte. In der Regel legte die Deutsche Reichsbahn solche Betriebsstellen still oder ließ die Züge durchfahren, jedoch nicht hier. Die Mauer stand mit freiem Schussfeld östlich des Bahndammes (inzwischen zum Teil bewachsen). Der Brückendurchlass auf der Wollankstraße war zugebaut. Für den unaufmerksamen Bahnbenutzer musste bis zum Bahnsteig der Eindruck entstehen, er befinde sich in West-Berlin, zumal er sich ja auf der westlichen Seite der Mauer aufhielt. Dass dem nicht so war, zeigte Ost-Werbung auf dem Bahnsteig und ein Schild vor dem Stationseingang, das da auf das Ende des französischen Sektors hinwies. Auf dem Bahnsteig ist bestimmt auch niemandem aufgefallen, wenn Zugänge auf östlicher Seite aufgeschlossen wurden, damit DDR-Geheimdienstler durch das Bahnhofsgelände unauffällig die Seiten wechseln konnten. 1962 wurde auf dem Bahnsteig die Einbruchstelle eines Fluchttunnels entdeckt.

Wollankstraße heißt die Station erst ab 1937, vorher Pankow Nordbahn und Prinzenallee. Das renovierte Empfangsgebäude an der Nordseite hat nur die Funktion eines Bahnsteigzuganges. Auffällig sind die inzwischen wieder hergestellten Säulen auf den Dammbögen, die wie eine geordnete Schornsteinsammlung aussehen.

Ziele im Süden

Stadttour 3

Unter den Linden

Man bummelt auf der Prachtstraße Unter den Linden und ist überrascht, auf dem Bürgersteig, dicht am Brandenburger Tor, das S-Bahn-Zeichen zu sehen, wo doch weit und breit nichts von der Eisenbahn zu sehen ist. Das S markiert unauffällig zwei Eingänge zur unterirdischen Station in unmittelbarer Nähe zu dem weltbekannten Berliner Wahrzeichen sowie an dem russischen Botschaftsgebäude. Der Haltepunkt „Unter den Linden", von Richard Brademann entworfen, war am 27. September 1936, kurz vor den Olympischen Spielen in Berlin, sogar als Endstation der noch nicht fertiggestellten Nord-Süd-Verbindung eröffnet worden. Die für eine Endstation notwendige Kehranlage ist nicht mehr vorhanden.

Zwischen 1961 und September 1990 waren die Zugänge so geschlossen worden, dass oberirdisch nichts auf eine Station hinwies. Der Haltepunkt gehörte damit zu Berlins „Geisterbahnhöfen", denn unterirdisch wurde die Strecke weiterhin für die West-Berliner Fahrgäste befahren. Der Zugang direkt an der damaligen so-

Überall in der Stadt ist die Deutsche Bahn mit Fahrrädern präsent, selbst vor dem Brandenburger Tor *Foto: DB AG/Jazbec*

wjetischen, nun russischen Botschaft war erst 1998 wieder hergestellt worden, vordem musste die Treppe auf der gegenüberliegenden südlichen Straßenseite benutzt werden. Von hier ist es nicht weit zum Reichstagsgebäude, zum Denkmal für die ermordeten Juden Europas, zur Staatsoper, zum Historischen Museum, auch zum Gendarmenmarkt. Der Umbenennungswahn in Berlin wird der S-Bahn-Station inzwischen einen neuen Namen beschert haben: „Brandenburger Tor".

Potsdamer Platz

Der Platz gehörte zu den verkehrsreichsten Europas und ist heute mit den Hochhäusern von Daimler und Sony in aller Munde. Der Glaspalast von Sony zeigt eine schief geratene, stumpfe Spitze. Das ist der Hinweis auf den erloschenen japanischen Vulkankegel Fujijama, dessen Abbild in Berlin außer Büroetagen mehrere Gaststätten, ein Filmmuseum und ein Erstaufführungskino beherbergt. Hinter dem Gebäude steht Scharouns

oben: Feier mit riesiger Rose – fünf Jahre „neuer" Potsdamer Platz *DB AG/Drechsler*
links: 120 000 Quadratmeter groß ist die Fläche, auf der ein neues Stadtviertel mit Büroetagen, Freizeiteinrichtungen, Einkaufsstätten und Hotels entstand. *Foto: DB AG/Jazbec*

Kulturforum mit der Philharmonie, der Staatsbibliothek (der ältere Teil befindet sich Unter den Linden), dem Musikinstrumentenmuseum, dem Kunstgewerbemuseum und der Neuen Nationalgalerie. Unter dem Potsdamer Platz fährt die Eisenbahn, denn mit dem Bau des Nord-Süd-Tunnels wurde 1939 der Bahnhof Berlin Potsdamer Platz mit zwei Mittelbahnsteigen eröffnet. Neben der 1961 geschlossenen und 1992 wieder geöffneten S-Bahn-Station ist auf der Verbindung zwischen Hauptbahnhof und Südkreuz neu der Regionalbahnhof gebaut worden. Oberirdisch stehen, den Hochhäusern angepasst, zwei gläserne Empfangshallen, die viel Licht auf die darunter liegende Passarelle werfen. Der im Tunnel liegende Regionalbahnhof hat extra, aber in dichter Nachbarschaft zum Bahnhof des Nord-Süd-Tunnels der S-Bahn zwei unterirdische Ebenen. Doppelstützen haben den gewaltigen Druck von 7500 t der darüber stehenden Hochhäuser auszuhalten. Beton schützt das Bauwerk vor dem Grundwasser. Über den Bahnhof fahren die Züge der U-Bahn-Linie 3 und haben in der Nähe eine Haltestelle. Von der 8 m unter dem Potsdamer Platz gelegenen Passarelle aus, die eigentlich die Halle des Bahnhofs darstellt, lassen sich die zwei 20 m tief liegenden, 230 m langen Mittelbahnsteige gut überblicken. Die Züge des Fernverkehrs fahren außen vorbei. Da unterirdische Bahnhöfe meist bedrückend im Dunkel liegen, sollen hier Plexiglasröhren das Tageslicht gebündelt zum Bahnsteig ableiten.
Der Potsdamer Platz ist den deutschen Eisenbahnern aus einem anderen Grund

Nahe dem U-Bahnhof Gleisdreieck, bei dem sich zwei Linien überschneiden liegt die südliche Einfahrt zum Hauptbahnhof, nach der zunächst auf 4,89 Kilometer Tunnelstrecke der Landwehrkanal und danach auf vier Kilometer der Potsdamer Platz unterfahren wird.
Foto: DB AG/Taubert

bekannt. Im Haus Nr. 2, im Sony-Center, hat sich auf 26 Etagen die Konzernleitung der Deutschen Bahn AG seit Juni 2000 eingemietet. Für einen neuen Standort reservierte sich die Konzernleitung Fläche auf der Nordseite am Hauptbahnhof. Unternehmensbereiche in Berlin befinden sich zudem auf dem Leipziger Platz, im Careé am Nordbahnhof sowie im Gebäude Ruschestraße 59 im Bezirk Lichtenberg-Hohenschönhausen. Letzteres war einst für den Staatssicherheitsdienst der DDR gebaut worden, wurde im Jahr 1989 vom Bürgerkomitee der Deutschen Reichsbahn übergeben, weil das das einzige Unternehmen in der DDR war, das in den wilden Tagen der politischen Wende mit Höchstleistungen im Personen- und Güterverkehr arbeitete und dessen Leitung mangels eines Bürogebäudes über Ost-Berlin verstreut war.

Südkreuz

Seit Mai 2006 heißt die Station Papestraße nach großen baulichen Veränderungen Südkreuz. Von 2001 bis 2006 wurde der Bahnhof neu gestaltet. Eine am 13. Juni 2005 eröffnete 183 m lange und 47 m breite Halle aus 2.400 t Stahl und 3.700 m^2 Glas nimmt den Bahnsteig der südlichen Ringbahn auf und überspannt mit der 272 m langen Brücke die darunter liegenden drei Bahnsteige für die S-Bahn-, Regional- und Fernverkehr auf dem Pilzstiel. Die Nord-Süd-Achse kreuzte hier mit der Ringbahn. 16 Fahrtreppen und sieben Aufzüge stellen die Verbindung zwischen unten und oben her. Der Architekt Max Dudler entwarf u. a. die über dem Bahnsteig 10 m hohe Haupthalle mit wellenförmigen Dach, eine Eingangshalle West und eine Ost sowie die Bahnsteighalle, nach Archi-

Die nur für den S-Bahn-Betrieb vorgesehen obere Ringbahnhalle des Bahnhofs Südkreuz hat die Breite von 47 m und ist 183 m lang. Sie überdeckt die Gleise der S- und Fernbahn in der unteren Ebene. *Foto: Reiner Preuß*

tektenmeinung nicht ein Bahnhofstyp des 19. Jahrhunderts, sondern eine Orientierung an die neuen Aufgaben, auf die zwei Turmhäuser und zwei begrünte Vorplätze hinweisen würden. Der angeblich zweitgrößte Bahnhof Berlins für 2000 Fahrgäste wird wohl ein „Autofahrer-Bahnhof" werden, denn in Nähe der Stadtautobahnen sollen für das Südkreuz zwei vierstöckige Parkhäuser mit 2.500 Stellplätzen gebaut werden, sofern sich dafür ein Investor findet. Zwei Güterzuggleise führen an der südlichen Hallenseite vorbei. Für das Südkreuzprojekt wurden 328 Millionen Euro veranschlagt.

Marienfelde

Der Ortsteil hat mit seiner Dorfkirche von 1220 den ältesten Sakralbau Brandenburgs und Berlins. In Marienfelde befand sich das Aufnahmelager für die, die es mit oder ohne Erlaubnis nach West-Berlin geschafft hatten und da bleiben wollten. Der Ortsteil besitzt auch einen Güterbahnhof und eine S-Bahn-Station.

Nicht vergessen werden darf, dass von Marienfelde aus die weltberühmten Schnellfahrversuche mit elektrischen Lokomotiven stattfanden. Von der Militäreisenbahn ist heute fast nichts mehr geblieben, man muss auf der Berlin–Dresdner Strecke schon genau hinsehen, um Reste eines Planums auszumachen, das der Militäreisenbahn gehört haben könnte. Nach erfolgreichen Versuchen von Siemens & Halske rüstete die Studiengesellschaft für Schnellbahnen die 27 km lange Militäreisenbahn Marienfelde–Zossen mit elektrischer Fahrleitung aus, drei Leitungen seitlich des Gleises, an denen die Lokomotive jeweils einen Bügelstromabnehmer gleiten ließ. Damit erprobte die Gesellschaft von 1902 bis 1904 Drehstromlokomotiven mit von 10 kV Drehstrom und 50 Hz gespeisten Tatzlagermotoren. In den ersten zwei Jahren fanden Schnellfahrversuche statt, und man erreichte am 27. Oktober 1903

Von der Militäreisenbahn, auf der ein Geschwindigkeitsrekord gefahren wurde, ist in Marienfelde nichts mehr zu sehen. 1985 ließ das Bezirksamt Tempelhof am Bahnhof den Gedenkstein aufstellen.
Foto: Reiner Preuß

die Geschwindigkeit von 210,2 km/h Das Fahrzeug befuhr die Strecke in acht Minuten. Durchsetzen konnten sich weder Drehstrom-Asynchronmotor noch dreiteilige Fahrleitung, die für Bahnhofsbereiche zu kompliziert war. Am S-Bahnhof Berlin-Marienfelde steht eine Stele, die an die technische Leistung vom 20. Oktober 1903 erinnert. 1985 ließ das Bezirksamt Tempelhof am Bahnhof den Gedenkstein von Irene Schultze-Seehof und Maximilian Pfalzgraf als geteilten preußischen Meilenstein mit der Plakette aufstellen, die u. a. die drei Stromabnehmer zeigt. Der Ort besaß schon 1875 einen Bahnhof an der Dresdner Strecke. Das Empfangsgebäude im italienischen Stil stand bis zum Bombentreffer im Jahre 1943.

Hermannstraße

Der S-Bahnhof liegt an der südlichen Ringbahn. Zu ihm kann man auch vom Alexanderplatz aus mit der U-Bahn fahren. Das Empfangsgebäude wurde im Krieg stark beschädigt, 1968 teilweise wieder aufgebaut und 1971 abgebrochen. Jetzt muss ein einfacher Neubau genügen. 1980 hatte die Deutsche Reichsbahn hier den Betrieb eingestellt, nach dem Mauerfall und nach Wiederaufbau der Strecke 1993 eröffnet. Zuvor waren die Stationen zwischen Baumschulenweg und Steglitz instandgesetzt bzw. verändert worden. So kam auch der Bahnsteig von Hermannstraße in eine Lage weiter ostwärts und unter die Straßenbrücke. Neben den

Parallel zur S-Bahn-Station Hermannstraße betreibt die NME auch Güterverkehr. *Foto: B. Schulz*

S-Bahn-Gleisen liegen Streckengleise für den Güterverkehr, zu denen sich mehrere Anschlussbahnen angebunden haben, sowie Rangiergleise. Die einst von der Neukölln-Mittenwalder Eisenbahn bedienten Kohlenentladegleise für mehrere Kohlenhändler sind abgebrochen. Auf den wenigen Gleisen werden die Züge nach Schöneicher Plan mit den orangefarbigen Müllcontainern gebildet. Die S-Bahn-Station Hermannstraße wäre nicht erwähnenawert, wenn sie nicht an der Brücke läge, von der man auf die Fern- und Güterzuggleise einen hervorragenden Blick hat. Weite Sicht auf Güterzüge in Richtung Tempelhof und Neukölln ist möglich. Gut lässt sich der Rangierbetrieb mit den Diesellokomotiven der Neukölln-Mittenwalder Eisenbahn beobachten.

Grünau

Wer eine Wasserlandschaft mag, fahre bis Grünau an der Strecke nach Königs Wusterhausen. Der Bahnhof, der seinen Namen zu Recht trägt, ist besonders an Wochenenden beliebtes Ziel, denn schon in seiner Nähe gibt es viel Wald und Wasser. Die zwei Inselbahnsteige wurden 1906 mit der Hochlegung der Planie gebaut. Am Bahnhofsende steht die neue S-Bahn-Betriebswerkstatt und ihr gegenüber, außerhalb des Bahnhofs, ein Versuchsinstitut der Firma Bombardier Transportation.

Zu empfehlen ist die Fahrt mit der Straßenbahn nach Schmöckwitz, die über den Ortsteil Karolinenhof fast immer dicht am Langen See, der von der Dahme gespeist wird, entlang fährt. Gleich am Anfang der Strecke stehen Bootshäuser, und hier beginnt die 2000 m lange Regattastrecke. Hinter dem gegenüberliegenden Ufer sieht man eine der beiden größten Berliner Erhebungen, den Müggelberg (115 m über Normalnull). Im dörflichen Ortsteil Schmöckwitz endet die Straßenbahnlinie, und hier steht das schon erwähnte Depot mit den historischen Fahrzeugen. Nicht weit von hier können auf der Straßenbrücke drei Seen überblickt werden – Langer See, Zeuthener See und Seddinsee, und man ist immer noch in Berlin! Die Strecke zwischen Grünau und Schmöckwitz ist auch als Uferbahn bekannt, die 1912 eröffnet und zuerst mit Benzoltriebwagen befahren wurde.

Vor Deutschlands größtem Hotel zeigen sich drei Verkehrsebenen: S-Bahn- und Güterzugstrecke Neukölln–Baumschulenweg und der Unterhafen *Foto: DB AG/Rosenthal*

2005 musste das Bahnhofsgebäude der S-Bahn-Station Warschauer Straße wegen Baufälligkeit abgetragen werden. Aus Geldmangel gibt es kein neues. *Foto: Reiner Preuß*

Ziele im Osten

Stadttour 4

Warschauer Straße

Zwischen Ostkreuz und Ostbahnhof liegt die S-Bahn-Station Warschauer Straße (wie diese Straße tragen weitere des angrenzenden Gebietes Namen polnischer Orte), die wahrlich keine Augenweide ist. Einst besaß die Empfangshalle, die man von der Warschauer Brücke über Stufen und einen kleinen Vorplatz erreichte, einen Vorbau mit Säulen und einem Spitzdach, – alles im Krieg dahin. Im Jahre 2005 wurden auch noch die baufälligen Reste des Empfangsgebäudes abgebrochen. Ein neues wird nicht gebaut, es fehlt an Geld. Die Station hat drei Mittelbahnsteige, die über eine provisorische Brücke zugänglich sind. Ein Bahnsteig für die Züge von und nach Erkner, die beiden anderen für die S-Bahn-Züge in die anderen Richtungen. Die Strecken vereinen sich erst im Ostbahnhof bzw. gehen in diesem Bahnhof ostwärts auseinander und haben deshalb in Warschauer Straße unterschiedliche Bahnsteige. Ein Blick ostwärts von der Brückenplattform lässt erkennen, auf welchem Bahnsteig der nächste Zug anrückt.
Die Station gibt es seit 1884, zwischen 1903 und 1924 wurde sie auf die andere Seite der Warschauer Brücke verlegt, aber mit dem S-Bahn-Betrieb in Richtung Erkner kehrte die Station wieder an den alten Platz zurück. Als neue Verbindungen nach Ahrensfelde und Wartenberg hinzukamen, musste die Bahnsteigkapazität erweitert werden. Das benachbarte

Reichsbahnausbesserungswerk verzichtete dafür im Jahr 1986 auf ein Gleis und versetzte den Werkzaun ein Gleisfeld nach innen.
Vom S-Bahnsteig zur Straßenbahn und U-Bahn-Station bedarf es einiger Schritte. Geplant war die Verlängerung der U-Bahn-Linie 1 bis in Höhe der S-Bahn-Gleise. Die Straßenbahn ist verlängert worden – zum U-Bahnhof. Zum Trost für den langen Weg erhielt der Endbahnhof der U-Bahn 1995 den gleichen Namen wie der S-Bahnhof.
Die Plattform des Bahnsteigzugangs ist ideal, um die unterschiedlichen Fahrzeuge in der Anlage der DB-Nachtzug zu besichtigen – u. a. werden doppelstöckige Schlafwagen in Dunkelblau und niedrigen Wagen des Talgo-Zuges mit den Jakobs-Drehgestellen gewartet. Der Rest vom einstigen Ausbesserungswerk ist ungenutzt und gilt als größte Industriebrache innerhalb des S-Bahn-Ringes.
Von der Warschauer Brücke ist hervorragend der Ostkopf des Ostbahnhofs zu sehen, im Hintergrund ein Teil der Berliner Silhouette mit dem Fernsehturm am Alexanderplatz. Von diesem Standpunkt lässt sich gut der lebhafte Zugverkehr (S-Bahn und Fernbahn) beobachten. Zu sehen ist auch die Vergänglichkeit von Eisenbahnanlagen. Links der Streckengleise befanden sich die Stückguthallen des Ostgüterbahnhofs. Das gesamte Gelände wurde im Jahre 2005 beräumt, denn ein amerikanischer Investor will hier Zweckbauten und eine riesige Arena für Großveranstaltungen bauen. Im Hintergrund stehen noch Reste des Postbahnhofs, die von einer Diskothek benutzt werden. Rechts der Gleise befand sich der Wriezener Bahnhof, auf dem nur noch zwei eingezäunte Gleise für die Nachtzüge in Betrieb sind. Alle anderen Gleise sind abgebaut. Abgerissen wurde 2005 auch das unter Denkmalschutz stehende Stellwerksgebäude. Auf dem Areal wächst ein Einkaufsmarkt für Großhändler. Ein Blick in die andere Richtung, nach Osten, zeigt die Endstation der U-Bahn-Linie 1 mit einem hübschen Bahnsteig und die eigenartige Form eines stillgelegten Stellwerks. Die Linie wurde bisher nicht bis zum S-Bahnhof verlängert, ein Fußweg auf der Brücke ist notwendig, bei dem man nicht nur den S-Bahn- und Fernverkehr in Richtung Osten beobachten, sondern auch das unter Denkmalschutz stehende Fabrikgebäude der DDR-Firma NARVA – früher Osram – mit dem Glaswürfel sehen kann. Vom S-Bahnhof Warschauer Straße ist es nicht weit zur Oberbaumbrücke, nach Kreuzberg, zum Osthafen, in dem sich die Musikszene etablierte, und zur Karl-Marx-Allee. Die in der Nähe liegenden Straßen mit den alten Mietshäusern und zahlreichen Gaststätten sind ein lebendiges Quartier.

Ostkreuz

Von weitem ist ein funktionsloser, unter Denkmalschutz stehender Wasserturm mit einer Pickelhaube zu sehen. Er markiert das Ostkreuz. Kein Eisenbahnbauwerk für den Personenverkehr dürfte einen so abweisenden Eindruck machen wie die Station Ostkreuz in Berlin.
Gewiss, der Krieg beschädigte auch diese Eisenbahnanlage. Nach der Bombardierung verschwand das auf dem Bahnsteig A stehende Dienstgebäude, das Empfangsgebäude zur Sonntagstraße brannte aus. Da wurde eben geflickt, eine Fußgängerbrücke herbeigeschafft. Treppen

Allianz

oben: So ruhig wie es die Nachtaufnahme von einem Bahnsteig zeigt, ist es am Ostkreuz selten.
links: Zwischen den Bäumen ist der Ringbahnsteig des Ostkreuzes zu erkennen
Fotos dieser Seite: DB AG/Schulz

zwischen den oben und unten liegenden Bahnsteigen sind ohne Schutz, nach Schneefall ist für Treppenstürze gesorgt. Nicht einmal der meistfrequentierte Bahnsteig D ist vollständig mit einem Dach bedeckt.
Durch Ostkreuz verlaufen in der unteren Ebene zwei Gleisrichtungen Ost – West (bzw. umgekehrt) und oben eine Gruppe Nord – Süd. Verbindungsbogen gibt es oben von West nach Süd, von Nord nach West und umgekehrt. Jedes Gleis der S-Bahn war mit einem Bahnsteig ausgestattet, zwischen denen umgestiegen werden sollte, so dass es mehrere Übergänge mit Treppen gibt, nicht an einer Stelle einen Aufzug oder eine Rolltreppe! Hinzu kommen von zwei Straßenseiten Zugänge, von denen die Bahnsteige nur über Treppen zu erreichen sind. Die den Bahnhof oben und unten (da beiderseits) durchziehenden Ferngleise haben bisher keine Bahnsteige, Halte sind für Fernzüge

oben: „Wuhletal". S-Bahn und U-Bahn benutzen den Bahnsteig gemeinsam, so dass Umsteigewege kurz sind. *Foto: R. Preuß*
rechts: An der Station Wuhletal drei auf einen Streich. Güterzug nach Fredersdorf (bei Berlin), S-Bahn nach und von Strausberg und U-Bahn von Alexanderplatz nach Hönow zwischen ihnen. ***Foto: DB AG/Jazbec***

nicht vorgesehen, nach einem Umbau sollen Regionalzüge unten und oben halten. Um die Situation beim Umsteigen zu vereinfachen und sich die Instandsetzung einiger Treppen zu ersparen, wurde seit den Nachkriegsjahren auf die Halte der S-Bahn-Züge verzichtet, die das Kreuz auf den Außenbogen befahren, so dass diese S-Bahn-Züge manchmal Unkundige unfreiwillig in die falsche Richtungen mitnehmen. Der zweigleisige Bogen zwischen Frankfurter Allee und Warschauer Straße wird derzeit nicht benutzt. Ortskundige Reisende, die auf dem oberen Bahnsteig F aussteigen und den Anschluss zum Stadtzentrum nutzen, verlassen sich auf ihre Augen, um zu erfahren, welcher Zug der nächste und was der richtige Bahnsteig ist. Sie spähen auf die aus Richtung Osten anrückenden Züge und gehen dann, je nachdem welcher anrückt, auf den zutreffenden Bahnsteig.
1882 nannte sich die Station Stralau-Rummelsburg, seit 1933 Ostkreuz (heute im Scherz „Rostkreuz" genannt).
Die oben vorbeiführenden Strecken der Fernbahn sind seit Jahren gesperrt, auf dem Bahnsteig F schuf ein Zaun eine Insel, eine Brücke zum Erkner-Bahnsteig wurde gesperrt – das alles wegen instabiler Brücken. Der Bahnhof steht unter Denkmalschutz! Auf dem Bahnsteig A tummeln sich die Füchse, denn da halten S-Bahnen nur noch alle 20 Minuten.
Schon die Deutsche Reichsbahn bearbeitete große Pläne zum Umbau und wollte zum Beispiel den S-Bahn-Verkehr der Richtungen Erkner und Lichtenberg an einem Bahnsteig vorbeiführen. Auch bei der Deutschen Bahn gibt es Ideen für Ostkreuz: Umstellung vom Linien- auf Richtungsbetrieb, Regionalbahnsteige an der Strecke Berlin–Frankfurt (Oder), an der ehemaligen Ostbahn (Berlin Hbf–Strausberg) sowie an der Ringbahn, zwölf Aufzüge und 17 Fahrtreppen sowie Verbreiterung des Bahnsteigs F an der Ringbahn und eine große Halle. Jedoch wurden Sanierung und Umbau von 1999 auf 2008 verschoben, und wer an den

Umbau glaubt, wird selig. Die Finanzierung eines solchen Bauvorhabens ist nie geklärt. Immerhin ist Ostkreuz ein Anschauungsobjekt für den größten Umsteigebahnhof im deutschen Nahverkehr.

Wuhletal

Die Wuhle ist ein kleiner Fluss von 15,2 km Länge innerhalb Berlins, und nach ihr wurde die gemeinsame S-Bahn-/U-Bahn-Station zwischen den S-Bahn-Stationen Biesdorf und Kaulsdorf benannt, nämlich Wuhletal. Zuerst war der Name Kaulsdorf Nord vorgesehen. Für Berlin ganz atypisch kann zwischen zwei Verkehrsmitteln ohne Laufwege umgestiegen werden und außerdem noch auf dem gleichen Bahnsteig! Die oberirdische Station auf einem niedrigen Damm hat zwei 160 m lange Inselbahnsteige, an denen Richtungsverkehr sowohl für die S-Bahn- wie für die U-Bahn-Züge stattfindet. So ist das Umsteigen stadtauswärts und stadteinwärts recht bequem, nur nicht, wenn die Richtung gewechselt wird. Die U-Bahn kommt vom Alexanderplatz und fährt über Hellersdorf nach Hönow. Damit ist sie die einzige U-Bahn-Strecke im Land Brandenburg, bis 1994 der „2+4-Vertrag“ eine Gebietskorrektur ermöglichte, die bebautes Brandenburger Gebiet der Stadt Berlin zuschlug (und auch diesen U-Bahnhof). In Wuhletal unterquert die U-Bahn die S-Bahn-Linie Spandau–Strausberg. Verbunden sind das S-Bahn-Gleis 16 mit dem Übergabegleis 21 der U-Bahn, was nützlich für Werkstattfahrten zum Ausbesserungswerk Schöneweide war. Jedes Verkehrsunternehmen besitzt einen Bahnsteig gleichen Aussehens, die S-Bahn den mit den Zügen stadteinwärts, die BVG den anderen. Vor Eröffnung am 1. Juli 1989 war eine Frage wichtig: Welches Verkehrsunternehmen bestimmt die maßgebende Uhrzeit? Wichtiger war schon, dass S- und U-Bahn unterschiedliche Fahrsperren verwenden. So muss jede Bahn auf ihren eigenen Gleisen bleiben.

Hoppegarten (Mark)

Der Bahnhof ist an der S-Bahn-Strecke nach Strausberg die zweite Station außerhalb Berlins und bekannt durch seine bereits 1868 bestehende Pferde-Rennbahn. 1867 war für die Ostbahn der erste Abschnitt zwischen Berlin (Bahnhof am heutigen Küstriner Platz) und Gusow in Betrieb gegangen, jedoch ohne einen Haltepunkt in Dahlwitz-Hoppegarten. Der wurde zuerst nur für die Renntage, im Jahre 1870 für jeden Tag der Saison genehmigt. 1923 erhielt der Ort einen Rennbahnhof als Teil des vorhandenen mit zwölf Gleisen und fünf Bahnsteigen. Das Gleis zu dem Bahnhofsteil zweigte an

Das erste Bahnhofsgebäude zum Bahnhof Berlin-Karlshorst, der für die Pferderennbahn gebaut wurde. Heute ist ein Supermarkt darin untergebracht. *Foto: Reiner Preuß*

der damals bestehenden Blockstelle Birkenstein ab. Der Rennbahnhof wurde nach dem Krieg dazu benutzt, Reparationsgüter, u. a. U- und S-Bahn-Wagen und die Gleisanlagen dieses Bahnhofsteils, in Richtung UdSSR zu verladen. Mit etwas Mühe ist das Gelände noch zu erkennen. Bis nach dem Krieg änderten sich die Verhältnisse auf dem übrigen Bahnhof Hoppegarten wenig, ein neues, einfaches Empfangsgebäudes kam auf die südliche Seite und dampfbetriebenen Vorortverkehr gab es ab 1944. Dazu war ein Mittelbahnsteig mit Stellwerksgebäude, Dienstgebäude für den Zugabfertiger und ein Unterstand für Reisende gebaut worden. Zugverkehr für einen Renntag fand nach dem Krieg erstmals am 14. Juli 1946 statt. Die Fernzuggleise, auf denen einst die D-Züge bis nach Königsberg fuhren, wurden zur Abfuhrstrecke von Reparationsgut, das zweite Gleis demontiert – nicht für die UdSSR, sondern für die Strecke Berlin–Erkner, wo beide Gleise der Reparation zum Opfer gefallen waren. Am 7. März 1947 fuhr der erste elektrische S-Bahn-Zug auf der eingleisigen Strecke im Bahnhof Hoppegarten (Mark) ein. Ein Jahr später konnte die S-Bahn bis Strausberg fahren. Die 437 ha große „Rennbahn im Grünen“ erfreut sich eines großen Zulaufs, und die Forderungen nach einem leistungsfähigen S-Bahn-Betrieb an den Renntagen werden immer lauter. Die Anlagen auf dem Bahnhof mit dem einen Bahnsteig und abseits stehenden Empfangsgebäude im einfachen Fachwerk sehen dagegen wie ein kleiner Dorfbahnhof zur Kaiserzeit aus. Immerhin liegen seit November 1992 bis Hoppegarten (Mark) für den S-Bahn-Betrieb zwei Gleise.

Karlshorst

Die S-Bahn-Station Berlin-Karlshorst (Strecke Berlin–Erkner) scheint ein Haltepunkt wie viele andere zu sein. Am gleichnamigen ICE-Werk fährt die

ICE-Betriebswerk Berlin Rummelsburg – Blick auf das nächtliche Gleisvorfeld.
Foto: DB AG/Michalke

S-Bahn in voller Fahrt vorbei, was soll es hier Besonderes geben? Die benachbarten Straßen waren einst belegt vom Oberkommando der sowjetischen Streitkräfte und vom sowjetischen Geheimdienst. Nicht allzuweit entfernt befindet sich das Deutsch-Russische Museum, wo am 8. Mai 1945 die Kapitulationsurkunde unterschrieben wurde. Was sonst noch? Die Station mit dem kleinen Empfangsgebäude zwischen Widerlagern an der Treskowallee besaß einst größere Bedeutung. Hier begannen zahlreiche „Sputnik"-Züge nach Potsdam. „Sputnik" im Volksmund deshalb, weil sie nach dem Mauerbau auf dem Außenring West-Berlin umkreisten. Dafür gab es einen Behelfsbahnsteig an der südlichen Dammseite (hochgelegene Gleise seit 1902), der am Gleis Berlin–Frankfurt (Oder) lag und von der S-Bahn über die Straße und eine Holztreppe erreicht werden konnte. Versetzt lag der Bahnsteig für ankommende Züge vom Außenring. Über eine das Ferngleis nach Berlin führende Brücke konnte der S-Bahnsteig erreicht werden. Diese zwei Außenbahnsteige gibt es heute noch für den Regionalzugverkehr.

Bedeutsamer war der Bahnhof als Rennbahnhof. Dicht am Bahndamm erstreckt sich die 1893 als Pferderennbahn eröffnete Trabrennbahn. Der für die Rennbahn gebaute Bahnhof ist kaum bekannt. Er ging ein Jahr vor der S-Bahn-Station 1894 in Betrieb mit sieben Gleisen und lag, von Karlshorst aus gesehen, vor dem Rangierbahnhof Rummelsburg. Mit der Elektrifizierung der S-Bahn konnte auf den Rennbahnhof verzichtet werden.

Die Gleise blieben jedoch und nahmen zuletzt Wagen des Gleisbauzuges auf.

Jetzt ist aus dem Rennbahnhof eine dem Bahnhof Rummelsburg zugeordnete Abstellanlage für die ICE-Züge geworden. Das alte Empfangsgebäude des Rennbahnhofs ist noch zu sehen. Es beherbergt einen Einkaufsmarkt.

Alt und neu am Außenring 1962. Die Doppelstockzüge wurden von den Berlinern „Sputnik" genannt. Aufnahme bei Schönefeld Foto: ZBDR (Sammlung Erich Preuß)

Der Berliner Außenring

Stadttour 5

Seit jeher war ein Eisenbahnring um Berlin geplant, weil dieser den innerstädtischen Verkehr von Zugfahrten entlasten könnte. Hauptsächlich wurde eine Verbindung zwischen den außen liegenden Rangierbahnhöfen gebraucht. Zwar berührten Güterzüge Berlin, jedoch nur der geringere Teil an Güterwagen war für die Stadt bestimmt, die meisten sollten auf den Rangierbahnhöfen außerhalb Berlins umgestellt werden. Für diese Rangierbahnhöfe wurden kurze Verbindungswege gebraucht. So begannen 1940 die Bauarbeiten am Güteraußenring, der teilweise und nur zwischen Großbeeren und Karow über Altglienicke und Springpfuhl fertiggestellt wurde. Die technische Begründung für einen vollständigen Außenring wurde nach 1945 zur politischen, denn nun hatten die Machtorgane in der sowjetischen Besatzungszone, später DDR, ein sehr großes Interesse daran, das durch die westlichen Alliierten besetzte West-Berlin zu umfahren, das an die westlichen Zonen (ab 1949 an die Bundesrepublik Deutschland) gebunden war, nicht nur im Güterverkehr, wichtiger noch mit Zügen des Personenverkehrs. Zweifellos bot der Ring auch im Betriebsablauf einige Verbesserungen. So konnten

Tagespendler 1964 auf dem S-Bahnsteig in Schönefeld (b Berlin). West-Berlin musste außen umfahren werden. Foto: ZBDR (Sammlung Erich Preuß)

die Züge auf den Ring einfahren und beliebige Endbahnhöfe in der Stadt erreichen. Am Berliner Außenring (BAR) wurde 1950 zu bauen begonnen, am 29. September 1956 war der 124,83 km lange Ring geschlossen. Die grundsätzlich zweigleisigen Strecken, 1978 und 1986 zwischen Flughafen Berlin-Schönefeld und Glasower Damm auch viergleisig ausgebaut, mit großen Radien und geringen Neigungen und fast ohne schienengleiche Übergänge berühren auch das Stadtgebiet, und zwar im Osten zwischen Flughafen Berlin-Schönefeld und dem Karower Kreuz, weil hier Anlagen des alten, bereits vorhandenen Güteraußenringes benutzt wurden. Zudem war das von den Außenringgleisen berührte Stadtgebiet seinerzeit fast unbebaut.

Dem Berliner Außenring kommt heute die ursprünglich gedachte Bedeutung zu: Entlastung der innerstädtischen Strecken und Erleichterung des Zugverkehrs zwischen den Berliner Bahnhöfen und den radial abgehenden Strecken. Für den

i Info: Der Außenring

Diese Anlage sucht wohl weltweit ihresgleichen: 180 Kilometer Gleis rund um Berlin, als Verbindung der auf Berlin zugehenden Radialstrecken zu allen Bahnhöfen der Stadt aber auch (und vor allem!) während des Kalten Krieges zur Umgehung (West-) Berlins gebaut.

Auf dem Außenring befinden sich mehrere recht interessante Betriebskreuze.

Ein Nachtzug mit Talgo-Wagen fährt durch den Bahnhof Flughafen Berlin Schönefeld zur Stadtmitte. *Foto: Reiner Preuß*

Personenverkehr sind die quer durch die Stadt verlaufenden Gleise wichtiger. Mehrere Umsteigepunkte, die von 1961 bis 1990 bei der Umfahrung West-Berlins benutzt werden mussten, sind inzwischen bedeutungslos. Zudem hat der Güterverkehr nicht den Umfang wie bis 1990.
Kein Zug fährt auf dem Außenring vollständig herum, das gelingt nur mit Sonderzügen, die den Ring gelegentlich auf dem Programm haben. Jedoch können mit Zügen des Nahverkehrs weite Abschnitte befahren werden, so dass mit geschickten Kombinationen die Umrundung fast vollständig gelingt.
Manche Abschnitte führen durch eine öde, mitunter von Rieselfeldern geprägte Landschaft, es gibt aber auch Abwechslung, wenn Bahnhöfe durchquert, die zu Eisenbahnkreuzen gestalteten Abzweigstellen befahren werden, oder der Zug eine Wasserlandschaft berührt, wie im Süden Berlins oder bei der Überquerung des Templiner Sees bei Potsdam. Er bereitete wegen seines Untergrundes den Bahnbauern besondere Schwierigkeiten. Die 140 m lange Brücke erlaubt den Schiffen die Durchfahrt und vom Schiff aus eine großzügige Sicht auf den See. Vor und nach der Brücke wurden Dämme von 1.110 m Länge angeschüttet, die Erdmassen gewann man aus dem benachbarten Einschnitt. Dicht an den Templiner See wurde neu der Bahnhof Potsdam Süd (von 1960 an mit Hbf; von 1993 an mit Potsdam Pirschheide bezeichnet) gebaut, eine einfache, mit zwei Bahnsteigen versehene Betriebsstelle am Rande der Stadt.
Zu den interessanten Eisenbahnkreuzen gehören die Abzweigstelle Genshagener Heide, das Grünauer Kreuz, das Biesdorfer Kreuz und das Karower Kreuz. Jedoch auch an anderen Stellen lassen sich interessante Trassierungen entdecken wie bei der Abzweigstelle Glasower Damm, zwischen Bergfelde und Birkenwerder, am Bahnhof Wustermark oder Bahnhof Potsdam Wildpark.

Biesdorfer Kreuz

Es entstand in den Jahren 1971 bis 1975. Die gesamte, aus mehreren Bogen und Abzweigungen bestehende Eisenbahnanlage zu überblicken, ist recht schwierig. Am besten ist der Standpunkt auf der Brücke der Märkischen Allee. Lohnend wird der Restaurantbesuch in einem nahe stehenden Möbelkaufhaus, das eine gute Sicht auf das Biesdorfer Kreuz erlaubt. Bei Biesdorf kreuzen die Strecken Berlin-Lichtenberg–Küstrin-Kietz und die Strecke des Berliner Außenrings, also West-Ost mit Nord-Süd. Hinzu kamen Verbindungen zwischen diesen Eisenbahnstrecken und die S-Bahn-Strecke Berlin–Strausberg. Mit dem Aufbau von Wohngebieten in den Stadtteilen – später selbständigen Stadtbezirken – Marzahn und Hohenschönhausen wurden weitere S-Bahn-Linien gebaut, die die Gleisanlagen des Biesdorfer Kreuz berühren. Die Züge sollten sich soweit wie möglich

Am Biesdorfer Kreuz fährt über die große Kurve der Zug mit Talgo-Schlafwagen zum Wriezener Bahnhof (1997). *Foto: Bodo Schulz*

nicht behindern. Bis zu seiner Fertigstellung gab es mehrere Zwischenzustände. Spundwände wurden in den Boden getrieben und viel Erdreich bewegt, da zahlreiche Dämme und Senken notwendig wurden. Im Ortsteil Biesdorf wurden für die neu zu verlegenden S-Bahn-Gleise der Strausberger Strecke mehrere Siedlungshäuser abgetragen. Da diese S-Bahn Fernbahngleise nicht niveaugleich kreuzen sollte, wurden Gleise des Berliner Außenringes gehoben, das S-Bahn-Gleis in eine neue Lage gebracht und teilweise abgesenkt. Auch wurde der S-Bahnsteig Friedrichsfelde Ost verlegt (Inbetriebnahme: 6. September 1979). Für den innerstädtischen Verkehr von Bedeutung war die neue S-Bahn-Strecke, die Lichtenberg mit den Neubaugebieten verband. Eröffnet wurde der S-Bahn-Verkehr nach Berlin-Marzahn am 30. Dezember 1976. Die Linie ist nach Ahrensfelde verlängert worden, auch kam 1984 eine in Springpfuhl abzweigende Linie nach Hohenschönhausen, von 1985 an bis Wartenberg hinzu. Wichtig waren auch die zweigleisige Verbindungskurve Berliner Außenring–Lichtenberg und die Verbindung zwischen dem Bahnhof Berlin-Wuhlheide und Lichtenberg, da der Großteil der Fernzüge damals im Bahnhof Berlin-Lichtenberg begann, endete oder über diesen fuhr. Zwischen Berlin-Lichtenberg, Berlin-Wuhlheide, Berlin-Kaulsdorf und Berlin-Marzahn führen vier Streckengleise, die wahlweise benutzt werden können – eine große Verbesserung für die Disposition der Fernzüge. Weitere Erleichterungen brachte 1980 die ostwärts liegende Große Biesdorfer Kurve (Bikw, Biks), da nunmehr zwischen Berlin-Lichtenberg und dem Außenring nach Süden ein weiteres Streckengleis benutzt werden konnte, ohne den Rangierbetrieb in Wuhlheide Rbf zu behindern.

Während der Baujahre wurden mehrere Stellwerksgebäude abgebrochen, dafür ein neues Stellwerk an der Kurve Fro–Bik aufgebaut. Das Gleisbildstellwerk steht nicht wie beim Grünauer

Bahnhof Saarmund am Außenring in der Nähe von Potsdam *Foto: Reiner Preuß*

Kreuz zwischen den Streckengleisen, sondern am Rande. Es wurde für die S-Bahn am 30. Dezember 1976, für die Fernbahngleise am 1. April 1978 in Betrieb genommen. Ihm zugeordnet sind die Bereiche (An den Abzweigstellen stehen Tafeln mit den Abkürzungen.):

- Bahnhof Biesdorfer Kreuz Nord (Bkn; früher Bahnhof Berlin-Springpfuhl)
- Abzweigstelle Biesdorfer Kreuz Ost (Bko)
- Abzweigstelle Biesdorfer Kreuz Südost (Bkso, Einmündungsstelle von der Großen Biesdorfer Kurve in die Strecke Berlin–Kietz)
- Abzweigstelle Biesdorfer Kreuz Mitte (Bkm).
- Abzweigstelle Biesdorfer Kreuz Süd (Bks)
- Abzweigstelle Biesdorfer Kreuz Südwest (Bksw)
- Abzweigstelle Biesdorfer Kreuz West (Bkw)
- Bahnhof Marzahn
- Abzweigstelle Hohenschönhausen

Grünauer Kreuz

Das im Süden Berlins liegende Grünauer Kreuz wurde 1951 fertiggestellt. Für den Besucher ist es noch schlechter einzusehen als das Biesdorfer Kreuz. Am besten verschafft man sich einen Blick auf Teile des Kreuzes aus Zügen in der Verbindung zwischen Berlin Ostbahnhof/-Lichtenberg und Flughafen Berlin-Schönefeld. Auch hier kreuzt sich die Süd-Nord-Achse (ehemals Berlin-Görlitzer Bahn) mit der West-Ost-Achse (Berliner Außenring), und auch hier gibt es Verbindungen zwischen den Strecken (z. B. kann aus Richtung Königs Wusterhausen auf den Außenring gefahren werden, wenn das Zugziel die Bahnhöfe Lichtenberg oder Ostbahnhof sind) sowie zwei zweigleisige S-Bahn-Strecken.
Aus der einstigen Abzweigstelle Falkenberg war ein bedeutendes Betriebskreuz geworden, bei dem als vorletzte Streckenanbindung 1962 die zweigleisige S-Bahn-Strecke nach Schönefeld (b Berlin) [später genannt u. a. Flughafen

Berliner Außenring zwischen Glasower Damm und Berlin-Schönefeld Flughafen. Die gelben Signale künden als Baken das Hauptsignal an. *Foto: Reiner Preuß*

Berlin-Schönefeld] hinzukam. 1965 ist noch die Verbindung Adlershof–Wendenheide mit der im Bogen liegenden Brücke über das Adlergestell, eine wichtige nach Süden führende Ausfallstraße, in Betrieb genommen worden. Die verschlungenen, meist auf Dämmen liegenden Schienenstränge überragt ein Stellwerksgebäude, das als Ausnahme zur nach dem Krieg beginnenden Mittelmäßigkeit von Eisenbahnbauten in Berlin gilt. Strottmeister entwarf das sieben Etagen hohe Bauwerk für Gleisbildtechnik, das den Eisenbahnern eine gute Sicht auf den Zugverkehr ermöglichte. Die obere Etage war dem Fahrdienstleiter für die S-Bahn, die darunter liegende dem für die Fernbahn vorbehalten.

Genshagener Heide

Lebhaften Zugverkehr hat es am Stellwerk vom Bahnhof Genshagener Heide immer gegeben, führt doch am Fenster des Fahrdienstleiters nicht nur der südliche Teil des Berliner Außenrings vorbei, sondern kreuzt am Gebäude mit einem Durchlass unter dem Ring eine zweigleisige Strecke. Er sieht auch die eingleisige Verbindung Gho vom Außenring in Richtung Jüterbog (Halle/Leipzig) kurz vor dem Bahnhof Ludwigsfelde. Die unten liegende Strecke war jene, die über Teltow nach Berlin zum Anhalter Bahnhof führte und 1952 zwischen Teltow und Lichterfelde unterbrochen wurde. Der Bahnhof Genshagener Heide besitzt Kreuzungs-/Überholungsgleise und seit 1958 eine eigenartige Gleisschleife, spöttisch „Kramer-Kurve“ und offiziell „Lange Kurve“ genannt. Angeblich hatte der damalige Generaldirektor der Deutschen Reichsbahn, Erwin Kramer, auf einer Landkarte mit dem Stift einen Gleisbogen gezogen und so den Bau der Kurve angewiesen. Sinn dieser Kurve war es, von Berlin in Richtung Halle sowie von Halle in Richtung Potsdam/Seddin fahren zu können,

Strecke in Nähe der Abzweigung Glasower Damm. Zwischen Flughafen Berlin-Schönefeld und der Abzweigung liegt die Außenringstrecke mit vier Gleisen *Foto: Reiner Preuß*

ohne den Zugverkehr auf dem Berliner Außenring zu behindern.
Seit April 1999 ist das über den Außenring stehende Stellwerksgebäude ungenutzt. An anderer Stelle des Bahnhofs gibt es mit einem elektronischen Stellwerk den „Fahrdienstleiter-Arbeitsplatz der Betriebszentrale Berlin-Pankow".
2006 wurde die Schleife für die Züge zwischen Hauptbahnhof und Dresden sowie Flughafen Berlin-Schönefeld mit einer Verbindung von 2,7 km zum Bahnhof Großbeeren ergänzt.

Karower Kreuz

Noch auf Stadtgebiet liegt das Karower Kreuz. Durch dieses führt eine zweigleisige Strecke in der Süd-Nord-Richtung, es ist die ehemals Stettiner Bahn, und sie wird seit 1952 gekreuzt in West-Ost-Richtung vom Berliner Außenring. Es gibt Verbindungskurven zwischen der Süd-Nord-Achse und dem Außenring. Zu dem Kreuz gehören zudem noch zwei zweigleisige S-Bahn-Linien, eine zwischen Berlin und Bernau, die andere als Bogen zwischen der Stadt zum Außenring in westlicher Richtung, zwischen Berlin-Blankenburg und Schönfließ.
Hinzu kommt noch die Strecke von Berlin-Blankenburg nach Basdorf, die in Karow nach Westen abzweigt. Diese Strecke wurde auf dem alten Güteraußenring als Ersatz für die Verbindung Berlin-Wilhelmsruh–Basdorf benutzt, die zur Niederbarnimer Eisenbahn gehörte. Der Bahnhof Wilhelmsruh lag in West-Berlin, und so war der Zugverkehr für diese Verbindung vom Mauerbau betroffen. Vom heutigen Karower Kreuz lag bis zum Bahnhof Springpfuhl ein Streckengleis des Güteraußenringes, das 1956 durch eine neue eingleisige Strecke für den Berliner Außenring ersetzt wurde (später zweigleisig ausgebaut).
Mit dem Mauerbau 1961 wurde die S-Bahn-Verbindung vom Berliner

RegionalExpress (RE) als AirportExpress mit Doppelstock-Wendezug mit Steuerwagen bei Wassmannsdorf auf dem südlichen Berliner Außenring

Foto: DB AG/Kirsche

Stadtzentrum nach Oranienburg unterbrochen, die S-Bahn-Züge pendelten nur zwischen Oranienburg und Hohen Neuendorf. Mit mehreren Baumaßnahmen wurde der S-Bahn-Betrieb zwischen Berlin-Blankenburg und Hohen Neuendorf und weiter nach Oranienburg möglich. Dafür war u. a. im Hohen Neuendorfer Forst eine zweigleisige Strecke für die Verbindung Abzweigstelle Bergfelde–Hohen Neuendorf gebaut worden, als „Kramer-Trompete“ bekannt.

Zwischen der Abzweigstelle Karow und Bergfelde benutzten die S-Bahn-Züge die Gleise des Berliner Außenrings, die mit Stromschienen ausgestattet wurden. Die zwischen Warschauer Straße und Oranienburg pendelnden S-Bahn-Züge hatten Vorrang und behinderten den Fernverkehr. Deshalb wurde 1984 eine eigene S-Bahn-Strecke vom Karower Kreuz bis zur Abzweigstelle Arkenberge zweigleisig, danach eingleisig, in Betrieb genommen.

Erlebnisziele in Berlin und Umgebung

Bogenbrücken mit Hängeeisen, wie diese Brücke über der Havel bei Hennigsdorf, werden in Deutschland wie Konfektion gebaut. Das sollte keinen abhalten, das Umland von Berlin zu besuchen. Foto: Bodo Schulz

Erlebnisziel 1

Deutsches Technikmuseum: Eisenbahn-Exponate am Anhalter Güterbahnhof

Zunächst eröffnete das Museum für Verkehr und Technik im Jahre 1983 seine ersten Ausstellungen in Gebäuden der ehemaligen Markt- und Kühlhallengesellschaft.
Das Museumsangebot wuchs und so übernahm es die Lokomotivschuppen vom ehemaligen Anhalter Bahnhof, beispielsweise für Exponate der Eisenbahn, des Wasserbaus und der Schifffahrt.
Allein die Eisenbahnausstellung wird heute auf einer Fläche von 6000 m^2 gezeigt. Nach Instandsetzung zweier Ringlokomotivschuppen für 19 Stände von 1876 und für 21 Stände von 1929 einschließlich der Drehscheiben nach dem Zustand von 1952, des Beamtenwohnhauses und des 30 m hohen Wasserturms aus dem Jahre 1907 ist vorgesehen, auch

Info: Das Museum in Kürze

Das Deutsche Technikmuseum (DTM): Eine sich ständig vergrößernde Austellung mitten in der Stadt und mit mehreren Gebäuden, die auf Spenden angewiesen ist. Allein die Eisenbahnausstellung ist auf 6000 m² Fläche untergebracht und beherbergt wertvolle Exponate. In zwei großen Lokomotivschuppen des einstigen Anhalter Bahnhofs stehen zahlreiche Eisenbahnfahrzeuge (siehe Übersicht auf der nächtsten Seite), an denen man ganz bewusst die „Betriebsspuren" beließ.
Das DTM zeigt auch andere Verkehrsträger sowie Werkstätten und Maschinen zu einer Vielzahl technischer Kategorien. Zudem steht eine große Bibliothek den Besuchern zur Verfügung.

Landwehrkanal an der Trebbiner Straße: Turm und „Rosinenbomber" sollen auf das Deutsche Technikmuseum aufmerksam machen.

Foto: Bodo Schulz

den Potsdamer Güterbahnhof mit seinen zwei Güterschuppen zu benutzen und das gesamte Gebäudeensemble bis zum Landwehrkanal für das Museum auszubauen. Auf dem Gelände des Anhalter Güterbahnhofs befindet sich das physikalische Versuchsfeld Spectrum, in dem man Geräte und Maschinen arbeiten sieht und selbst Experimente ausführen kann.
Seit dem 21. März 2001 ist der größte Museums-Neubau Deutschlands mit 12.000 m² Ausstellungs- und 20.000 m² Gesamtnutzfläche für die Luft- und Schifffahrt, das Historische Archiv und die Bibliothek geöffnet (Grundsteinlegung war 1996). Das Deutsche Technikmuseum zeigt in Ausstellungsbereichen Exponate der Eisenbahn, der Luftfahrt, der Autoindustrie, Rechentechnik – neben modernen Geräten auch den Nachbau des Z1-Rechners von Zuse, die Druck- und Papiertechnik, Modelle zur Schifffahrt einschließlich Kanalbauten, Gegenstände der Textiltechnik und Energieerzeugung sowie der Uhrenherstellung und der Fotografie.

Info: Exponate

Erste Elektro-Lokomotive, die Siemens 1879 auf der Berliner Gewerbe-Ausstellung vorführte	Nachbau 1980
Dampflokomotive der Berlin-Anhalter Bahn „Beuth“	Borsig, Fabriknummer 24, Baujahr 1842; Original-Nachbau zum 75-jährigen Bestehen der Firma Borsig im Jahre 1912
Preußische Omnibus-Lokomotive T 0 „Hannover 1907“	Henschel, Fabriknummer 1602, Baujahr 1883
Elektrischer Lokalbahn-Triebwagen der Localbahn AG München Nr. 505	MAN, Baujahr 1898
Württembergische Rangierlokomotive T 1005	Maschinenbaugesellschaft Heilbronn, Fabriknummer 374, Baujahr 1899
Preußische Tenderlokomotive T 3, benutzt als Werklokomotive bei der GASAG, Berlin	Schwartzkopff, Fabriknummer 3019, Baujahr 1901
Führerstand einer preußischen Schnellzug-Lokomotive der Gattung S 3	Baujahr 1907
Zweiachsige Tenderlokomotive KL 2 mit stehendem Kessel (Kittel-Lokomotive) aus Württemberg	Eßlingen, Fabriknummer 3481, Baujahr 1911
Preußische Schnellzug-Lokomotive „Breslau 1008“ (DR 17 008); hier angeschnitten	Schwartzkopff, Fabriknummer 4760, Baujahr 1911
E-Lokomotive der Rhätischen Bahn 391	SLM Winterthur, Baujahr 1913
Preußische E-Lokomotive „Halle 528“ (DR E 71 28)	AEG Berlin, Baujahr 1922
E-Lokomotive 3, von 1904 an für Versuche auf der Strecke Marienfelde–Zossen benutzt, danach geteilt und für eine Werkbahn in Spandau eingesetzt (1 Teil)	Siemens & Halske, 1922 (Teilung)
Zahnrad-Lokomotive für Strecken in Württemberg DR 97 504	Eßlingen, Fabriknummer 4142, Baujahr 1925
E-Lokomotive DR E 19 01	AEG, Fabriknummer 5000, Baujahr 1938
Güterzug-Lokomotive DR 50 001	Henschel, Fabriknummer 24355, Baujahr 1939
Schnellzug-Lokomotive DB 01 1982	Berliner Maschinenbau AG (Schwartzkopff), Fabriknummer 11338, Baujahr 1940
Elektrische Treidel-Lokomotive für den Teltow-Kanal in Berlin Nr. 26	Siemens & Schuckert, Baujahr 1942
E-Lokomotive DR 244 131 (vorher DR E 44 131)	Baujahr 1942–1944
Güterzug-Lokomotive DR 52 4966	Baujahr 1944
Heeresfeldbahn-Lokomotive der ÖBB 699.02	Société Franco-Belge, Fabriknummer 2822, Baujahr 1944
Baulokomotive vom Typ „Riesa“, in Berlin als Trümmerlokomotive benutzt	Henschel, Baujahr 1949
Diesel-Lokomotive mit Drehstrom-Leistungsübertragung DE 2500 (DB 202 003)	Henschel, Fabriknummer 31 4040, Baujahr 1973

Info: Exponate

Diesel-Lokomotive DR 118 075	LKM, Baujahr 1965
Diesel-Lokomotive DB V 200 018	Maschinenbau Kiel, Baujahr 1984
S-Bahn-Station Berlin Potsdamer Platz (1940) als Modell	
100 000 Fahrkartenmuster verschiedener Eisenbahnen (1906)	
S-Bahn-Station Berlin Potsdamer Platz als Aufschnitts-Modell–mit der alten Bebauung am Potsdamer Platz (1940)	
Exponate aus der Haarmannsche Oberbausammlung	

Erlebnisziel 2

Berliner Parkeisenbahn in der Wuhlheide

Gegenüber des Bahnsteigs vom S-Bahnhof Wuhlheide beginnt die 7,5 km lange Strecke (Spurweite 600 mm) der Berliner Parkbahn in der Wuhlheide mit sechs Bahnhöfen. Kinder unter Aufsicht von erfahrenen Eisenbahnern erledigen in den Zügen und auf den Bahnhöfen mit fünf Stellwerken, 19 Weichen, 14 Signalen und zehn Schranken die Tätigkeiten, wie sie im Eisenbahnbetrieb üblich sind.

Am 1. Juni 1956 war die kleine Eisenbahn als Pionierbahn mit einer Gesamtlänge von 6,5 km eröffnet worden. Nach der politischen Wende 1989 lebte sie als Parkeisenbahn weiter. Die spannende Freizeitbeschäftigung für die Kinder blieb, und die Bahn lädt zu Rundfahrten durch den Waldpark Wuhlheide mit Kinder- und Jugendfreizeitzentrum sowie Freilichtbühne Kinder wie Erwachsene ein. Die Züge fahren von der Station Wuhlheide – dieser Anschluss vom S-Bahnhof zur Station Badsee existiert erst seit 15. Oktober 1993 – in einem Rundkurs, für den es ein großes Oval, aus

600 mm ist die Spurweite der Parkeisenbahn Berlin. *Foto: Reiner Preuß*

Der Star unter den Lokomotiven bei der Parkeisenbahn in der Wuhlheide: die Dampflok. Bahnsteig am S-Bahnhof Wuhlheide

Foto: Reiner Preuß

drei kleinen Ovalen zusammengesetzt, gibt. Eine Werkstatt, als Bahnbetriebswerk bezeichnet, steht an einer Außenstrecke. Das Stellwerk Bs ist, nachdem es als mechanisches in Betrieb ging, heute ein Gleisbildstellwerk.

Es fahren zwei Diesellokomotiven 199 101 und 199 102 des Typs V10C und als Reserve eine vom Typ Ns4 (Baujahre 1957). In den Sommerwochen setzt die Parkeisenbahn auch die 1956 in Babelsberg gebaute Lokomotive „Siegfried" ein, die 1992 von einer Ziegelei in Plau am See übernommen wurde und wegen des niedrigen Kraftstoffverbrauchs und der leiseren Motorgeräusche bevorzugt wird. Zu besonderen Anlässen fahren bis zu vier Dampflokomotiven: die „LOWA 44" (Baujahr 1950), ursprünglich eine Trümmerlokomotive, die Lokomotive „Merapi" als Leihgabe der Dampf-Kleinbahn Mühlenstroth (Baujahr 1925), die einst in Java auf der Zuckerrohrplantage fuhr, und als dritte Dampflokomotive, ebenfalls aus Mühlenstroth, die „Arthur Koppel" (Baujahr 1936). Die vierte ist die „Luise Las" (Baujahr 1952), die von einem Privatmann aus Polen geholt wurde. Die Wagen stammen hauptsächlich von Kleinbahnen in Vorpommern.

Die Berliner Parkeisenbahn ist 1993 aus der Obhut der Deutschen Reichsbahn „entlassen" worden und konnte sich nur kurze Zeit der finanziellen Unterstützung durch den Berliner Senat sicher sein. Sie lebt von Spenden und Sponsorgeldern und ist auf solche Hilfen angewiesen.

Erlebnisziel 3

Die Kleinste in Berlin: Feldbahn in der Wuhlheide

Seit 1993 dreht neben der Parkbahn eine weitere Eisenbahn in der Wuhlheide am Freizeit- und Erholungszentrum ihre Runden, es ist eine Feldbahn, bei der man mitfahren darf. Vom Rundenkurs ist man allerdings schon abgekommen, denn der Verein für die Feldbahn erweitert jedes Jahr das Gleisnetz seiner Bahn. Die Strecke hat die Länge von insgesamt 1.515 m (2005).
Geplant hatte das Freizeit- und Erholungszentrum eine Gleisanlage für Fahrrad-Draisinen. Als Ergänzung dazu stellte sich 1990 ein Verein den Lokomotivbetrieb mit Feldbahnfahrzeugen vor, zumal zu jener Zeit noch Fahrzeuge, mitunter in einem jämmerlichen Zustand, gefunden

innerhalb von zehn Jahren, 14 Lokomotiven zu bergen. Die Lokomotiven werden mit einem Dieselmotor angetrieben oder fahren elektrisch als Akkulokomotive. Selbst gebaut wurde ein „Akkuschleppfahrzeug" mit zwei Sitzen. Die älteste Maschine ist aus dem Baujahr 1954. Noch abwechslungsreicher als die Lokomotiven sind die Wagen der Feldbahn, die ebenfalls an mehreren Orten gefunden und geborgen wurden. Für die Mitfahrt werden offene Flachwagen, aber auch zwei umhauste Mannschaftswagen des Bergbaus, eingesetzt.

Nur 500 mm beträgt die Spurweite der Feldbahn in der Wuhlheide. *Foto: Reiner Preuß*

wurden, die man sammeln und aufarbeiten wollte. Von Kodersdorf bei Görlitz über das Ruhrgebiet bis Mildenberg im Norden Berlins reicht die Herkunft der Lokomotiven. Es gibt Lokomotiven mit und ohne Führerhaus, so einfach wie es eben beim Feldbahnbetrieb zuging. Als Spurweite wurde das außergewöhnliche Maß von 500 mm bevorzugt. Die Vereinsmitglieder arbeiteten die kleinen Maschinen und Wagen auf und schafften es

Info: Wuhlheide

Friedrich Wilhelm I. ließ das Jagdgebiet Eichgestell im Jahre 1730 anlegen. 1910/1911 ging das 525 ha große Waldgebiet durch Kauf an die Stadt Berlin, die eine Stiftung beauftragte, die Wald- und Parkanlage „Wuhlheide" anzulegen, unter anderem mit einem Badesee und Spielplätzen. Die Eisenbahn zerschnitt 1942 mit ihrem östlichen Gleis des Außenringes die Wuhlheide. Zudem wurde ein Teil zum militärischen Übungsplatz, so wurde der zugängliche und nutzbare Bereich kleiner. Nach Abzug der sowjetischen Truppen 1994 wurde die Wuhlheide wieder Park und Gartendenkmal. Ein wichtiges Bauwerk ist das als Pionierpalast 1979 gebaute Freizeit- und Erholungszentrum (FEZ) mit Theatersaal und Werkstätten für die Kinder. Aus Trümmerschutt wurden die Ränge des 20.000 Zuschauer fassenden Stadions errichtet.

Umschlagplatz Gbf. Neukölln. Auch die DB-„Ludmilla" ist eifrig dabei ... Foto: Bodo Schulz

Erlebnisziel 4

Neukölln-Mittenwalder Eisenbahn: Die „Müllbahn" vom Teltowkanal nach Neukölln

1,3 Millionen t Güter bewegt jährlich die Neukölln-Mittenwalder Eisenbahn (NME). Das ist hauptsächlich Müll vom Bahnhof Teltowkanal zum Güterbahnhof Neukölln (wo es mit Lokomotiven der Deutschen Bahn weiter nach Schöneicher Plan, teilweise auf S-Bahn-Gleisen, geht), das sind Kohlezüge für das Kraftwerk Rudow sowie Kalk- und Gipstransporte zum und vom Kraftwerk wie auch Güterwagen zu verschiedenen Anschlussbahnen. Ursprünglich hieß die Bahn mit der Betriebslänge von 27,10 km „Rixdorf-Mittenwalder Eisenbahn" (RME), denn bei der Gründung hieß Neukölln noch Rixdorf. In der Woche war der Güterverkehr zwischen Rixdorf und Mittenwalde das Hauptgeschäft, denn dort gab es Ziegeleien, später wurde der Berliner Müll in die erschöpften Tongruben gefüllt. Am Sonntag fuhren die Berliner mit der RME ins Grüne. Nach dem Zweiten Weltkrieg verlor die NME sukzessive ihr Eigentum außerhalb Westberlins, zuletzt 1948. Sie musste sich mit Transporten im amerikanischen Sektor begnügen. Heute ist sie voll im Geschäft und den Rangierbetrieb mit den MaK-Diesellokomotiven kann man am Bahnhof Neukölln beobachten (siehe u. a. Hermannstraße).

Von der Brücke am U- und S-Bahnhof Hermannstraße sieht mad die Züge der Neukölln-Mittenwalder Eisenbahn gut. Foto: R. Preuß

Erlebnisziel 5

Ziegeleipark Mildenberg: Feldbahn für Besucher

Auf ebenem Lande, nördlich von Berlin, erstreckt sich das riesige Areal des Ziegeleiparks Mildenberg, eines der größten Ziegeleigebiete Europas. Es entstand zur Wende vom 19. zum 20. Jahrhundert in dieser Größe, weil in er Reichshauptstadt eine enorme Nachfrage nach Ziegeln herrrschte. Das Tonvorkommen war zufällig beim Bau der Eisenbahnstrecken entdeckt worden. Während sich andere Lagerstätten erschöpften, war hier so viel an Ton vorhanden, dass mehrere Großziegeleien mit 57 Ringöfen entstanden. 1945 war Mildenberg der größte Ziegelproduzent der DDR, bis mit den Betonplattenhäusern der Bedarf zurückging. 1991 endete die Ziegelherstellung. Für die Transporte nach Berlin konnte gut die nahe vorbei fließende Havel benutzt werden. Innerhalb des Geländes fuhr die Ziegeleibahn, eine Feldbahn mit 500 mm Spurweite. Es gibt auch Spurweiten von 630 und 750 mm.

Jede Ziegelei besaß eigene Gleise, zwischen den Ziegeleien lagen kräftige Feldbahnstrecken. Die Bahn hatte Rohlinge, Ziegel, Ziegelbruch und Kohle zu befördern, heute fährt sie mit überdachten Loren die Besucher in 45 Minuten auf drei km Strecke durch den Ziegeleipark. Stationiert sind drei Lokomotiven des Typs Ns2, drei des Typs Nsl sowie eine Dampflokomotive und 30 Tonloren und 27 Ziegeleibahnwagen. Man reist mit der Eisenbahn am besten bis zum Bahnhof Zehdenick an und fährt mit der Buslinie 838 weiter.

Die Feldbahn der historischen Ziegelei von Mildenberg ist eine der Attraktioinen bei der Besichtigung der einstigen Brennstätten

Foto: Jazbec

Erlebnisziel 6

Bahnknoten vor Berlin

Die Potsdamer Bahnhöfe hatten schon viele Namen …

Potsdam, die 141.000 Einwohner zählende Landeshauptstadt von Brandenburg, liegt unmittelbar an der Berliner Stadtgrenze und ist von der Bundeshauptstadt aus mit der Eisenbahn gut zu erreichen.

Der Potsdamer Hauptbahnhof liegt etwas kümmerlich zwischen den großen Bauten, die zum Eklat für Potsdam wurden. An ihnen wurde Anstoß genommen, weil sie das Bild der Stadt- und Parklandschaft wesentlich verdecken. Neben dem Bahnhof befand sich das Reichsbahnausbesserungswerk, in dem einst der Hofzug des Kaisers unterhalten wurde.

Der Bahnhof hieß bis 2000 Potsdam Stadt. Einen Hauptbahnhof gab es von 1960 bis 1993 an anderer Stelle. Und da sind wir bei einem typischen Potsdamer Eisenbahnthema: alle halben Jahre wird ein Bahnhof umbenannt – jedenfalls war es lange Zeit so. Mit Außenring und Mauerbau verlor der bisherige Bahnhof Potsdam Stadt seine Verbindung nach Berlin. Es verkehrten nur noch Züge nach Potsdam-Babelsberg, die von und nach Westberlin fuhren hier durch.

Mit dem Bau des Außenrings war am westlichen Ufer des Templiner Sees für Potsdam ein neuer Bahnhof entstanden, der zuerst Potsdam Süd, von 1960 an Potsdam Hbf hieß. Wer nach Potsdam wollte, kam hier an. Der Bahnhof lag aber am Rande des Stadtgebiets, und man musste die Straßenbahn oder den Triebwagen benutzen, um zum Zentrum zu kommen. Nach dem Mauerfall fuhren wieder Züge von Berlin nach Potsdam Stadt. Aus dem bisherigen, nun fast bedeutungslosen Hauptbahnhof wurde nicht wieder Potsdam Süd, sondern „Potsdam Pirschheide".

Zwei Jahre später beanspruchte die Landeshauptstadt einen Hauptbahnhof, „Stadt" galt als zu profan. Der Bahnhof wurde am 26. September 1999 umbenannt. Bei diesen Umbenennungen sollte es nicht bleiben. Bis 1999 hat sich niemand an der Bezeichnung „Wildpark" gestört für den Bahnhof, der in Nähe des Schlosses „Neues Palais" liegt. Freilich wussten nur Eingeweihte, dass der be-

Der Wasserturm ist das Einzige, was aus der alten Eisenbahnwelt für den Potsdamer Hbf übrig blieb. Das Bild zeigt den Eingang
Foto: Reiner Preuß

rühmte Park Sanssouci sehr dicht an diesen Bahnhof heranreicht. Zunächst war an die neue Bezeichnung „Sanssouci“ für den Bahnhof Wildpark gedacht. Damit die vielen Besucher nicht glauben, der Bahnhof liege am Schloss Sanssouci, verpasste man dem Bahnhof die Bezeichnung „Potsdam Park Sanssouci“.
Nicht durchsetzen konnte sich der Vorschlag, dem Namen noch den Zusatz „Kaiserbahnhof“ anzuhängen. Mit dem Begriff sollte an ein Bahnhofsgebäude erinnert werden, das als Kaiserbahnhof gilt, unter Denkmalschutz steht, seit 1999 von der Unesco zum Weltkulturerbe gerechnet wird und von der Deutschen Bahn als Führungsakademie mustergültig rekonstruiert wurde. Die Halle des Kaiserbahnhofs war 1909 fertig gestellt. Die Halle ist nur der vom Bahnsteig aus sichtbare Teil des Gebäudes.
In ihm stand früher der kaiserliche Hofzug. Die Straßensicht zeigt ein besonderes Empfangsgebäude im englischen Cottagestil, das dem deutschen Kaiser und seinem Gefolge vorbehalten war, wenn er die Eisenbahn bei den Sommeraufenthalten im Neuen Palais benutzte. Als erster Gast ging 1910 Zar Nikolaus II. durch den Kaiserbahnhof.

Eingezwängt zwischen Kauf- und Bürohaus liegt der Hbf von Potsdam. Von ihm aus sind gut zahlreiche Sehenswürdigkeiten zu erreichen. *Foto: Reiner Preuß*

Der Bahnhof Drewitz an der Strecke nach Belzig–Dessau gehörte mit zu den Grenzkontrollbahnhöfen, die durch Zäune und Mauern von der Außenwelt abgeschirmt waren. Bei dem Hinweis auf einen Potsdamer Stadtteil durfte es nicht bleiben, auch der Bahnhof wurde umbenannt, er heißt nun „Potsdam Medienstadt Babelsberg". Besucher des Studio-Geländes und Geschäftspartner der Filmstadt sollen mit dieser Bezeichnung den Weg zum ehemaligen Ufa-Gelände schneller finden. Früher galt Griebnitzsee als nächster Bahnhof. Noch hat Potsdam zwei Bahnhöfe, die vom Namenswechsel verschont blieben; das muss nicht so bleiben. Wer es zeitlich einrichten kann, sollte den Berlin-Besuch mit einem Abstecher nach Potsdam verbinden. Potsdam hat eine Vielzahl von Sehenswürdigkeiten zu bieten – der reine Eisenbahnfan allerdings wird wenig finden. – Hier gibt es von der Brücke aus den neuen, einfach gehaltenen Hauptbahnhof zu sehen und auf dem Bahnhof Potsdam Park Sanssouci den „Kaiserbahnhof", eine Zierde für Bahnhof und Stadt. So erfreulich es war, dass die S-Bahn wieder von Berlin bis Potsdam fährt, inzwischen geht es von der Mitte Berlins aus mit RE-Zügen schneller. Sie halten in Potsdam Park Sanssouci und in Potsdam Hbf und fahren vom Bahnhof Friedrichstraße 27, von Berlin Zoologischer Garten bis Potsdam Hbf ganze 18 Minuten. Zwischen S-Bahn und RE-Zügen gibt es keinen Preisunterschied. In Potsdam fahren Parkbusse zu einem gesonderten Preis zu fast allen Schlössern im Park Sanssouci. Vom Bahnhof Potsdam Park Sanssouci aus lässt es sich in wenigen Minuten zu Fuß zum größten Schloss in Park Sanssousi, dem Neuen Palais, gehen. Potsdam besitzt noch weitere Parks und Schlösser und historische Straßenzüge. Auch hat es wie Berlin mitten in der Stadt ein Brandenburger Tor!

Der „Kaiserbahnhof“, „Potsdam Park Sanssouci“, wie er jetzt genannt wird, war arg herunter gewirtschaftet. Die DB hat ihn als besonderen Teil des Bahnhofs mustergültig herrichten lassen und benutzt ihn als Akademie für die Führungskräfte des Unternehmens. Die Straßenansicht zeigt das Gebäude im englischen Cottagestil. Foto: Erich Preuß

Die Halle in Bahnsteighöhe nahm einst den Kaiserlichen Hofzug auf. Foto: Erich Preuß

In verkehrsschwachen Zeiten schickt man in Strausberg die Reko-Wagen auf die Strecke, wie hier am Lustgarten Foto: Bernhard Kußmagk

Erlebnisziel 7

Strausberger Eisenbahn: Seit 1921 im Besitz der Stadt

Strausberg, die Stadt an den Seen, liegt östlich von Berlin an der Hauptbahn nach Küstrin-Kietz. Die Stadt mit 28.000 Einwohnern besitzt bis heute eine eigene Eisenbahn. Erstmals fuhr am 17. August 1893 die „Strausberger Eisenbahn" die 6,2 km lange normalspurige Strecke vom Stadt- zum Staatsbahnhof. Für sie waren zwei Lokomotiven, vier Personen- und ein Güterwagen gekauft worden. 1921 wurde die Strecke elektrifiziert (Gleichstrom 750 V, seit 1995: 600 V). Dass die Strausberger Eisenbahn nicht von der Enteignungswelle für Privatbahnen in der DDR berührt wurde, lag daran, dass die Stadt Strausberg alleiniger Eigentümer war und das glaubhaft geltend machen konnte. Zwei Elektro-Lokomotiven besorgten den Güterverkehr, während von Straßenbahnbetrieben – überwiegend aus Leipzig – übernommene ältere Fahrzeuge den Personenverkehr zwischen Bahnhof und Stadt auch dann besorgten, als 1955 die S-Bahn-Strecke über den Bahnhof Strausberg hinaus nach Strausberg Nord verlängert wurde. Der Güterverkehr für die beiden Elektro-Lokomotiven war bis 1990 beachtlich, weil sich in Strausberg nicht nur Kasernen der sowjetischen Armee, sondern seit 1956 auch die Einrichtungen des Ministeriums für Nationale Verteidigung der DDR befanden, für die Baustoffe und Brennstoffe zu fahren waren. Seit 1970/74 besitzt die Eisenbahn zwei in Hennigsdorf gebaute Lokomotiven. Heute betrachtet sich das Unternehmen als Straßenbahnbetrieb. Für den Personenverkehr setzt er CKD-Triebwa-

Einmalig in Deutschland: der Einsatz des Triebwagens vom Typ KT 8 aus tschechischer Produktion, im Bild oben auf der Fahrt in der Vorstadt *Foto: Ivo Köhler*

gen, die er 1995 als Typ KT8-D5 und T6C5 von der Kosicer Straßenbahn (Slowakei) übernahm, und einen Reko-Triebwagen TZ 69 ein. Außerdem gibt es als Museumsfahrzeug den Uerdinger Triebwagen aus dem Jahre 1925.
Strausberg liegt nicht an einer RE-Linie, man hat die Wahl zwischen den Regionalbahn-Zügen, die in Berlin-Lichtenberg abfahren, oder der S-Bahn der Linie Berlin-Spandau–Strausberg. Strausberg hat außer der eigenen Eisenbahn noch eine Sehenswürdigkeit aufzuweisen.
Dies ist die seit dem Jahr 1894 elektrisch betriebene Fähre über den Straussee (an der Haltestelle Lustgarten), die zudem im Eigentum der Strausberger Eisenbahn ist. Der Antriebsstrom wird mit einer Laufkatze aus der Oberleitung entnommen, als Rückleitung dient das Führungsseil, an dem die Fähre über den See geführt wird.

i Info: Zahlen + Daten

Eröffnet	16. Aug. 1893 (Pferd) 18. März 1921 (elektr. Tram)
Spurweite	1.435 mm
Streckenlänge	9 km
Linienlänge	6 km
Triebwagen	3, davon 1 Reko, 2 Tatra
Beiwagen	1 Reko
Sonderfahrzeuge	1 Arbeitstriebwg., 2 Loren
Historische Fahrzeuge	1 Triebwagen (Uerdingen), 1 LEW-Ellok
Fahrgastzahl	1,2 Mio. (Jahr)
Mitarbeiter	24
Haustarif	
Tageskarte (2 Waben)	2,60 €
Einzelfahrten (2 Waben)	1,30 €
sonst Berlin	ABC bzw. BC
Info	Strausberger Eisenbahn GmbH Walkmühlenstraße 29, 15344 Strausberg, Tel. (0 33 41) 34 390

Erlebnisziel 8

Nach Schöneiche mit der Straßenbahn: Beste Adresse für Immobilien – und für Straßenbahn-Fans

Schöneiche galt zu beiden Jahrhundertwenden als gute Adresse für Immobilienhändler, denn in der Gemeinde am Rande Berlins sollten Berliner gute Grundstücke kaufen.
Um 1900 fehlte jedoch die schnelle Verbindung zur Großstadt. Von Köpenick bis nach Friedrichshagen kam schon die Straßenbahn. Schöneiche entschied, Friedrichshagen als Ausgangspunkt einer eigenen Bahn zu wählen.
1910 begann auf der 5,6 km langen Strecke in Meterspur der Vorortverkehr mit Deutz-Benzollokomotiven. 1912 fuhren die Züge 7,7 km weiter bis zum Marktplatz in Kalkberge (umbenannt in Rüdersdorf). Schon zwei Jahre danach elektrifizierte die Bahn den Betrieb (Gleichstrom

Als Waldgartenstadt betrachtet sich Schöneiche und lässt eine Straßenbahn von Berlin nach Rüdersdorf verkehren

Foto: Reiner Preuß

Info: Zahlen + Daten

Eröffnet	28. Aug. 1910 (Benzol) 30. Mai 1914 (elektr. Tram)
Spurweite	1.000 mm
Streckenlänge	14,5 km
Linienlänge	14,5 km
Triebwagen	11, davon 5 KT4D, 3 GT6, 2 T57, 1 TZ 70/1
Sonderfahrzeuge	1 Hilfsgerätewagen 1 Abschleppwagen 1 Turmwagen
Historische Fahrzeuge	2 Trieb- und 1 Beiwagen
Fahrgastzahl	1,1 Mio. (Jahr)
Mitarbeiter	28
Tageskarte	2,60 Euro, außerdem Tarif Berlin ABC beziehungsweise BC
Info	Schöneiche-Rüdersdorfer Straßenbahn GmbH Dorfstraße 15, 15566 Schöneiche Tel. (030) 65 48 68 33, www.tram88.de

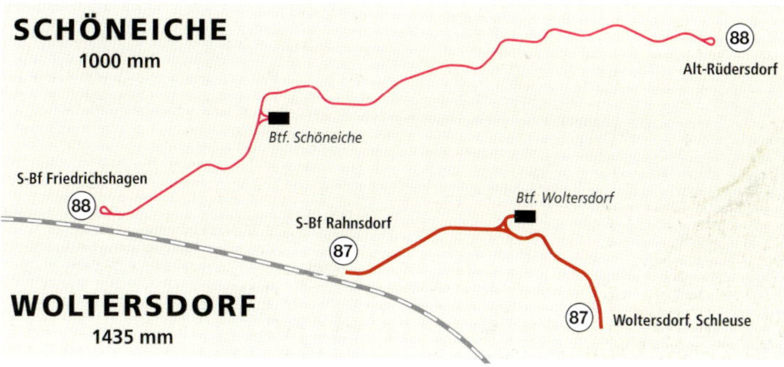

Info: Nach Schöneiche mit der Straßenbahn

Eröffnet	28. Aug. 1910 (Benzol) 30. Mai 1914 (elektr. Bahn)
Spurweite	1.000 mm
Streckenlänge	15,4 km
Linienlänge	14,5 km
Triebwagen	11, davon 5 KT4D, 3 GT6, 2 T57,1 TZ 70/1
Sonderfahrzeuge	1 Hilfsgerätewagen 1 Abschleppwagen 1 Turmwagen
Historische Fahrzeuge	2 Trieb- und 1 Beiwagen
Fahrgastzahl	960.000 Mio. (Jahr)
Mitarbeiter	28
SRS-Haustarif:	1,30 € Gesamtstrecke außerdem Tarif Berlin ABC beziehungsweise BC
Info	Schöneiche-Rüdersdorfer Straßenbahn GmbH Dorfstraße 15, 5566 Schöneiche Tel. (030) 765 48 68 33, www.tram88.de

Kult-Straßenbahn für Liebhaber: Woltersdorf
Foto: Bodo Schulz

87
Woltersdorf
87
Heizungs- und Sanitäranlagenbau
Kroppmann Baustoffe
27
WOLTERSDORFER STRASSENBAHN

600 V). Schöneiche wurde Sitz des Straßenbahnbetriebes. In den Nachkriegsjahren hatte es der Straßenbahnbetrieb nicht leicht. Mehrmals wechselte die Zugehörigkeit Er wurde gar einem staatlichen Autobusbetrieb in Frankfurt (Oder) unterstellt. Neue Fahrzeuge kamen nie nach Schöneiche, es mussten Fahrzeuge aus anderen Städten geholt und bei Reparaturen improvisiert werden. Wegen der Fahrzeugvielfalt war Schöneiche für die Liebhaber der Straßenbahnen jedoch ein guter Tipp. 1977 wurde die Strecke von Rüdersdorf Post bis nach Alt-Rüdersdorf verlängert, dafür der Abschnitt zum Karl-Marx-Platz stillgelegt. Im Jahre 2001 übernahm die Niederbarnimer Eisenbahn die Straßenbahngesellschaft mit 70 Prozent. Weitere Gesellschafter sind Schöneiche und Rüdersdorf. Der Anschluss von der S-Bahn besteht in Friedrichshagen an der Strecke Berlin–Erkner. Die Straßenbahn führt in Rüdersdorf (Haltestelle Heinitzstraße) dicht an den Museumspark der Rüderdorfer Baustoffindustrie heran, bei dem in historischer Landschaft 750 Jahre Kalksteinabbau verdeutlicht werden Die Triebwagen tragen die Liniennummer 88, weil 1991 die Linien im Berliner Randgebiet, auch die der Strausberger Eisenbahn, in das Berliner Nummernsystem einbezogen wurden. Auf der Überlandbahn fahren aus Heidelberg übernommene, bei der DÜWAG gebaute sechsachsige Gelenktriebwagen. Es gibt zwei historische Triebwagen und zwei Beiwagen.

Im Depot der Schöneicher Straßenbahn steht manches Altfahrzeug *Foto: Reiner Preuß*

Erlebnisziel 9

Exot in Woltersdorf: Die Straßenbahn überlebte bis heute

Nach einigen Schwierigkeiten realisierte die Gemeinde Woltersdorf eine 5,6 km lange Straßenbahnverbindung von Rahnsdorf zur Woltersdorfer Schleuse, allerdings abweichend zur benachbarten Bahn in Schöneiche in Normalspur. 1913 begann der planmäßige Betrieb. Woltersdorf war einst ein viel besuchtes Ausflugsgebiet der Berliner und Drehort für Außenaufnahmen zu Filmen. Zwischen 1912 und 1939 entstanden hier etwa 50 Spielfilme. Vom Drehplatz ist heute nichts mehr zu sehen. Die Bahn überstand einigermaßen glimpflich alle Zeitläufte und gehört seit 1969 zum Straßenbahnbetrieb in Schöneiche. Die benachbarten Strecken blieben jedoch wegen der unterschiedlichen Spurweiten getrennt. Kurz vor 1991 wurde die Stilllegung der Bahn erwogen, doch stattdessen die Strecke erneuert. Die Gemeinde besteht auf der Straßenbahn, mit der zahlreiche Wanderer zur Woltersdorfer Schleuse kommen. Die gibt es zwischen Flaken- und Kalksee schon seit 1550. Die jüngste Erneuerung fand 1998/99 statt. Von einer Fußgängerbrücke, die dem Eiligen die Wartezeit an der Klappbrücke erspart, lässt sich gut das Geschehen an der

Schleuse beobachten. Diese nützt den mit Kalk beladenen Schiffen, den Kanu- und Sportbooten. In nächster Nähe sprudelt seit der letzten Eiszeit die Liebesquelle mit feinstem Trinkwasser. Sie wurde 1994 mit einem Kuppelgitter eingefasst. Die Bahn mit Nummer 87 fährt mit den Gothaer Fahrzeugen, hat aber auch einen historischen Triebwagen aus dem Jahre 1943 mit Beiwagen von 1913. Die Anreise zur Woltersdorfer Straßenbahn ist ebenso einfach, wie zu der nach Schöneiche. Man fährt mit der S-Bahn Richtung Erkner bis Berlin-Rahnsdorf. Unmittelbar an der S-Bahn-Station beginnt die Linie, die zunächst durch den Berliner Stadtforst fährt. Der Betriebshof liegt an einem Gleisdreieck bei der Haltestelle Thälmannplatz. Die Bahn hat auch ein starkes Gefälle von 1 : 15, wenn es in Richtung Schleuse geht. Am S-Bahnhof Rahnsdorf hält auch ein Berliner Linienbus, mit dem man gut zur Straßenbahn nach Schöneiche fahren kann – ein Vorschlag für die Zeit nach der Rückfahrt.

Alte Fahrleitung und Gothaer Wagen: Die Woltersdorfer Straßenbahn hat ihren ganz eigenen Charme. *Foto: Reiner Preuß*

Info

Eröffnet	17. Mai 1913(elektr.)
Spurweite	1.435 mm
Streckenlänge	5,6 km
Linienlänge	5,6 km
Triebwagen	6 T57
Beiwagen	4 B57
Sonderfahrzeuge	1 Arbeitstriebwagen 2 Loren
Historische Fahrzeuge	2 Triebwagen), 2 Beiwagen
Fahrgastzahl	900.000 (Jahr)
Mitarbeiter	21
Haustarif	Einzelfahrt 1,10 € Tageskarte 2,30 €, sonst Berlin ABC bzw. BC
Info	Woltersdorfer Straßenbahn GmbH, Vogelsdorfer Str. 1, 15569 Woltersdorf b Erkner, Tel. (033 62) 88 12 30

An der Strecke (Eberswalde–) Britz (Kr Eberswalde)–Templin liegt der Haltepunkt Werbellinsee. Er gilt als „Kaiserbahnhof", denn bis hierher fuhren Majestät, wenn sie zum Jagdschloss Hubertusstock in der Schorfheide wollten. *Foto: Reiner Preuß*

Erlebnisziel 9

Die Niederbarnimer Eisenbahn: Seit 1901 gibt es die „Heidekrautbahn"

Die später nach Landschaft und Landkreis benannte Eisenbahn wurde 1901 als Reinickendorf-Liebenwalder-Groß Schönebecker Eisenbahn eröffnet und 1934 in Niederbarnimer Eisenbahn umbenannt. Für den Berliner heißt sie kurz und bündig nur „Heidekrautbahn", denn sie fährt in Richtung Schorfheide, übers flache Land, das mit abwechslungsreichen Wäldern, Seen und Kanälen besetzt ist. 1950 übernahm die Deutsche Reichsbahn die Betriebsführung auf der Heidekrautbahn. Die Mauer unterbrach die Strecke zwischen Berlin-Wilhelmsruh und Berlin-Blankenfelde.

Für Züge nach Liebenwalde und Groß Schönebeck baute die Deutsche Reichsbahn einen provisorischen Bahnsteig in Berlin-Blankenburg, später begannen die Züge in Berlin-Karow am Bahnsteig der S-Bahn. Diese Strecke zur Heidekrautbahn war vorhanden, denn schon 1950 hatte die Deutsche Reichsbahn eine Verbindung von Berlin-Karow über Basdorf und Wensickendorf nach Fichtengrund [bei Oranienburg] als Entlastungsstrecke für den nördlichen Außenring eingerichtet. Während diese Verbindung ab Wensickendorf 1995 außer Betrieb

ging, ist es bis heute dabei geblieben, dass man nach Basdorf von Berlin-Karow aus fährt. 1998 wurde die Bahn wieder dem alten Besitzer übertragen (es war genauer eine „Rückabwicklung“), die Züge fährt der Eigentümer seit Ende 2005. Vorher betrieb die Deutsche Bahn für die Niederbarnimer Eisenbahn den Regionalverkehr gegen eine Trassengebühr. Am 1. Juli 2000 wurde die Niederbarnimer Eisenbahn auch Eigentümer des 11,348 km langen Abschnitts Berlin-Karow–Abzweigstelle Schönwalde. In Basdorf gabelte sich die Strecke nach Liebenwalde und nach Groß Schönebeck. Dieser Bahnhof ist das „Zentrum“ der Bahn mit einem Triebwagenschuppen, in dem die Berliner Eisenbahnfreunde (BEF) im Jahre 2000 mit über 40 historischen Schienenfahrzeugen und anderen Geräten das „Heidekrautbahnmuseum“ einrichteten. Beim westlichen Streckenast stellte die Deutsche Bahn 1997 den Zugverkehr zwischen Wensickendorf und Liebenwalde ein. Das Land Brandenburg hatte den Verkehr nicht mehr bestellt, auch wären zwei Brücken zu erneuern gewesen. Von der Heidekrautbahn mit einst 62,17 km Länge werden nur noch 34,4 km genutzt. Auf dem anderen Ast nach Groß Schönebeck kann man immer noch mit Zügen in die Heide fahren;
Es wurden die Betriebsanlagen erneuert, die Niederbarnimer Eisenbahn fährt mit modernen Triebwagen. Die Heidekrautbahn ist die bevorzugte Strecke für den Verein der Berliner Eisenbahnfreunde, die hier Sonderzüge fahren und dabei die alte Strecke von Berlin-Wilhelmsruh nach Basdorf benutzen. Auch die Fahrt mit dem Regelzug von Berlin-Karow hat ihren Reiz, geht es doch durch eine abwechslungsreiche Landschaft. Halt macht der Zug auch in Wandlitz. Der Name war nach 1989 in aller Munde. Das „Getto“ der SED-Prominenz lag jedoch weitab vom Bahnhof. In Bahnhofsnähe erstreckt sich als Badegewässer der Wandlitzsee. Bei Ruhlsdorf-Zerpenschleuse wird der Oder-Havel-Kanal überquert, und nahe des Endbahnhofs Groß Schönebeck (Schorfheide) befindet sich der Wildpark Schorfheide mit vier km Wanderwegen zwischen großzügig angelegten Gehegen mit Großwildtieren und selten gewordenen ursprünglichen Hausrassen. Der Barnim ist ein mit Endmoränen in der letzten Weichsel-Eiszeit entstandener Höhenzug.
Der gleichnamige Landkreis hat seinen Sitz in Eberswalde. Er liegt im Naturpark Barnim, zu dem die Städte Eberswalde, Oranienburg und der südliche Teil von Bernau sowie von Berlin die Stadtbezirke Reinickendorf und Pankow gehören.
So ist in dem Naturpark der Wechsel von der Stadt zum Land gut auszumachen.
Es ist ein Naturpark mit S-Bahn- und Regionalbahn-Verbindungen! Über Berlin Nordkreuz erreicht man den S-Bahnhof Berlin-Karow. Von da fahren die Züge nach Basdorf in zwölf Minuten, bis nach Groß Schönebeck (Schorfheide) 40 Minuten.

Neue Fahrzeuge auf alter Strecke!
Foto: Bodo Schulz

Statt der Eisenbahn fahren Draisinen: ein gesunder Freizeitspaß. *Foto: Reiner Preuß*

Erlebnisziel 11

Von Templin nach Fürstenberg

Lychen am Lychener See hat keine Bahnstation mehr, der Zugverkehr wurde 1996 eingestellt. Die über Lychen führende Strecke von Templin nach Fürstenberg (Havel) gibt es aber noch, 1999 war sie hundert Jahre alt geworden. Seit dem 15. Juni 1996 kann man die 30 km lange Strecke zwischen Uckermark und Oberhavel mit einer Fahrrad-Draisine zwischen Templin und Fürstenberg (Havel) befahren. Damit es nicht zu einer unfallträchtigen Begegnung kommt, ist für jeden Tag nur eine Richtung vorgesehen, an Tagen mit geradem Datum Abfahrt in Templin, an denen mit ungeradem in Fürstenberg (Havel).

Die Draisine mit Pedalen ist leichter zu fahren als ein Fahrrad, das Gleis hält die Spur, nur die Beinkraft ist für die Fortbewegung nötig. Kinder finden ihren Platz auf einer Bank. Bei TOURISTICA in Berlin oder beim TourismusService in Templin kann man sich die Draisine reservieren lassen. Wer die Strecke nur zur Hälfte befahren will, nimmt sich die Draisine erst in Lychen. Für Lychen ist der nächste Bahnhof Fürstenberg (Havel), eine Stadt, die mit dem Eisenbahnanschluss nach Berlin ihre Bedeutung als Handels- und Umschlagplatz verlor. Hier wurden die Güter für Berlin auf die Havelkähne verladen. Mit dem Regionalexpress fährt man von Berlin nach Fürstenberg (Havel) eine reichliche Stunde und kann von da nach Lychen wandern. Nach Templin braucht man mit dem Zug von Berlin-Lichtenberg aus eineinhalb bis knapp zwei Stunden, je nachdem ob man einen durchgehenden Zug nimmt oder in Eberswalde umsteigt. Die Stadt Templin wird gern wegen der erhaltenen Stadtmauer besucht. Hier befindet sich das Volkskundemuseum der Uckermark.

Museal betreibt ein Verein die elektrische Stichbahn nach Buckow (Märk Schweiz). Der Zug befindet sich am Ausgangspunkt in Müncheberg (Mark) *Foto: Reiner Preuß*

Erlebnisziel 12

Museal nach Buckow? Mini-Bahn mit Oberleitung

Buckow liegt in einem 40 km2 großen Landschaftsschutzgebiet am Rande der Barnimer Hochfläche. Zur Stadt gehört der Schermützelsee, an dessen Ufer das Sommerhaus von Bertolt Brecht steht, das besucht werden kann. Das eigenartige, zerklüftete Landschaftsbild mit Wäldern und Seen zieht die Sommerfrischler aus der Großstadt Berlin an. Die Eisenbahnstrecke nach Küstrin führte jedoch im Abstand von fünf km an Buckow vorbei. So erleichterte die 1897 eröffnete Schmalspurbahn (Spurweite 750 mm) von Müncheberg nach Buckow die Anreise. 1930 wurde eine neue normalspurige, mit 750 V Gleichstrom elektrifizierte Strecke eröffnet. Den Strom lieferte das Unterwerk im Bahnhofsgelände von Buckow. Der Strom ging über Erdkabel zur Fahrleitung. Die Fahrt nach Buckow (Märk. Schweiz) mit Umsteigen in Müncheberg (Mark) und weiter auf der 4,9 km langen Stichbahn mit den elektrischen Zügen war immer ein kleines Erlebnis. Wo gab es das schon: eine Strecke mit nur zwei Stationen (Waldsieversdorf und Buckow) und mit elektrischem Betrieb? Damit war 1998 Schluss, weil sich der Stichbahnbetrieb „nicht mehr rechnete". Die Hoffnung, dass wieder Eisenbahnzüge in die Kleinstadt Buckow kommen, wurde nicht aufgegeben. Der Verein „Museumsbahn Buckower Kleinbahn" (MBK) erhielt 2001 die Konzession für den Betrieb der Strecke. Er ließ in Buckow einen neuen Transformator einbauen. Am 14. September 2002 begann der Museumsbetrieb. Zwischen Müncheberg (Mark) und Buckow (Märk Schweiz) fahren die elektrischen Züge von Ende April bis Anfang Oktober an den Wochenenden. Auf dem Bahnhof Buckow (Märk Schweiz) entstand eine kleine Ausstellung, und da stehen noch Reserve- und Museumsfahrzeuge.
Die Museumsbahn erreicht man in Müncheberg (Mark) mit RB-Zügen, die von Berlin-Lichtenberg nach Küstrin-Kietz fahren, sonst bringt einem der Autobus

nach Buckow entweder vom Bahnhof Müncheberg (Mark) oder vom Bahnhof Strausberg. Der Bus hält am Markt. Zum Bahnhofsgelände geht es bergan. Die Besichtigung des Bahnhofs kann man vielleicht mit einer Fahrt ins Oderbruch verbinden, indem man von Müncheberg (Mark) weiter bis nach Kietz-Küstrin fährt. In Werbig ist auch Anschluss an Züge nach Bad Freienwalde — Eberswalde oder nach Frankfurt (Oder), und von da kommt man immer rasch wieder nach Berlin.
INFO: Touristikinformation (033433) 57500, www.bf-buckow.de

i Info: Die Märkische Schweiz

Die Eiszeit hinterließ Schutt und Steine, ließ die Landschaft in Schluchten einbrechen. So entstanden Berglehnen von 100 Meter Höhe. Daher der Anspruch, sich mit der Schweiz zu vergleichen. Bäche, kleine und große Seen wechseln sich ab. Laubbäume bereichern die Kieferwälder auf den sandigen Böden. Im Naturpark Märkische Schweiz leben auf 205 Quadratkilometern Fläche Adler, Schwarzstorch, Eisvogel, Fischotter und andere bedrohte Tierarten.
Meist ist Buckow am 45 Meter tiefen Schermützelsee das erste Ziel der Ausflüge. Die Gäste lieben an Buckow und der Märkischen Schweiz die saubere Luft, die Ruhe und das mannigfaltige Landschaftsbild, das Bertolt Brecht sein Elysium nannte. Weitere Ausflugsziele von Buckow aus sind die Bollersdorfer Höhe, die Wurzelfichte, der Krugberg mit Aussichtsturm, das Rote Luch. Mit der elektrischen Bahn läßt sich hier ein abwechslungsreiches Familienprogramm gestalten.

Erlebnisziel 13

Das „Sowjet-Reich" bei Berlin am Bahnhof Wünsdorf

Bis 1989 fuhr man kaum in das an der Eisenbahnstrecke Berlin–Dresden gelegenen Wünsdorf, denn Gebiete um den Bahnhof herum waren gesperrt, schließlich hatte seit 1952 das „Oberkommando der in Deutschland stationierten sowjetischen Streitkräfte" auf dem Gelände, das bis 1945 dem deutschen Oberkommando des Heeres und des Generalstabs als Standort diente, seinen Sitz und wusste sich abzuschirmen. Neben dem Bahnhof gab es an der alten Ladestraße einen zweiten, der in kyrillischer Schrift seinen Ortsnamen trug und der dem Miltärreisezugverkehr der sowjetischen Armee vorbehalten war. Täglich fuhr hier ohne Grenzkontrollen zwischen Wünsdorf und Moskau ein „Gardinen- oder Galoschenzug", wie die Bevölkerung spöttisch zu den ausschließlich aus in der DDR gebauten, sog. Weitstreckenwagen gebildeten Zügen sagte. Diesen Bahnhofsteil gibt es heute noch, allerdings unbenutzt, und er kann besichtigt werden. Das Empfangsgebäude wurde 1977 mit einem neuen, überdachten Bahnsteig aufgestellt und beherbergte die zur Sowjetischen Eisenbahn gehörende Fahrkartenausgabe, Gepäck- und Containerabfertigung, Bahnhofskommandantur und Dolmetscher. Als Fahrplan hing der von Moskauer Bahnhöfen aus. Dieser kleine „exterritoriale" Bahnhof hatte nur den einen Zweck, für die im angrenzenden Waldgebiet stationierten Tausende von sowjetischen Armeeangehörigen und Zivilangestellten die Eisenbahnverbindung zur

Heimat herzustellen und Verladestation für umfangreiche Gütersendungen Richtung UdSSR zu sein. Am 31. August 1994 fuhr der letzte „Russenzug“ in Wünsdorf ab. Anschließend probierte man erfolglos, dieses besondere Bahnhofsteil für Züge Wünsdorf–Potsdam zu benutzen. Das Gebiet des Oberkommandos wurde unter dem Namen „Waldstadt“ als größtes Konversionsobjekt zur Wohnstadt umgestaltet und dient als offener Waldpark. 1998 wurde hier nach englischem Vorbild mit 15 Buchläden Deutschlands erste Bücherstadt eröffnet. Auf dem Gelände der Waldstadt finden sich noch umfangreiche Luftschutz- und Bunkeranlagen der deutschen Wehrmacht, die auf Grund des Potsdamer Abkommens teilweise gesprengt wurden. Führungen zeigen Luftschutztürme – 19 der Bauart Winkel waren hier gebaut worden – und Bunkeranlagen der Bauart Zeppelin und Maybach. Sie sind für historisch interessierte Besucher teilweise touristisch erschlossen. Der Bahnhof heißt jetzt Wünsdorf-Waldstadt und ist von der Stadtbahn aus am bequemsten mit „Regionalexpress“-Zügen zu erreichen. Etwas länger dauert es zum gleichen Preis, wenn man bis Berlin-Schönefeld Flughafen mit der S-Bahn fährt und von da eine „Regionalbahn“ benutzt.

Weitere Ausflugsziele

Es wird jeweils der Name der nächst gelegenen Bahnstation angeführt.

Gedenkstätte und Museum Sachsenhausen
Ehemaliges NS-Konzentrationslager im Nordosten von Oranienburg, an dieser Stelle 1936 errichtet. 1945 – 1950 Speziallager Nr. 1 des sowjetischen Geheimdienstes – Oranienburg
Oranienburg

Historische Gedenkstätte der Potsdamer Konferenz
im Schloss Cecilienhof
Im Neuen Garten Schloss der Hohenzollern im Stil eines englischen Landhauses. 1945 Tagungsort für die Konferenz der Siegermächte
Potsdam
Potsdam Hbf

Schloss Babelsberg
Landschaftspark nach englichem Vorbild von Lenné und Pückler mit Schloss als spätromantischer Prachtbau – Potsdam
Potsdam-Babelsberg

Filmpark Babelsberg
Legendäre Film- und Fernsehproduktionsstätte für 3.000 Filme und Fernsehproduktionen auf dem Gelände der Filmfirmen UFA und DEFA sowie seit 1992 Erlebnispark mit Vorführungen
Potsdam
Potsdam Medienstadt Babelsberg

Kloster Zinna
Zistersinserkloster von 1221 bis 1547, jetzt Museum in der romanischen Feldsteinkirche der Zisterzinser mit Schmuckgiebel in gotischer Backsteinbausweise
Luckenwalde/ dann Bus

Statt der Eisenbahn fahren Draisinen. *Foto: Reiner Preuß*

Zossen
Draisinenbahn, eingerichtet auf der ehemaligen Nebenbahn von Zossen nach Jüterbog mit Viersitzern und Pedalbetrieb. Wechselnder Einrichtungsbetrieb. Ausgangspunkt an der Westseite des Bahnhofs Zossen.

Bernau
Stadtmauer, Wehrgänge
Stadt nördlich Berlins am Rande eines Wald-/Seengebietes. Mittelalterlicher Stadtkern mit klassizistischem Rathaus von 1805. Stadtmauer mit Steintor, Hunger- und Pulverturm
Bernau (b Berlin)

Joachimsthal
Werbellinsee, ein 12 Meter langes und bis einen Kilometer breites Gewässer von hoher Wassergüte in einer durch Eiszeit gebildeten Rinne. Den See umgeben Rad- und Wanderwege.
Joachimsthal über Eberswalde

Griebnitzsee
S-Bahn-Museum im Unterwerk am Bahnhof mit thematischen Bereichen zur Geschichte der Berliner S-Bahn
Griebnitzsee

Chorin
Kloster (Backsteingotik) der Zisterzinser in der Schorfheide am Amtssee als Ruine (frühgotische Backsteinarchitektur)
Chorin

Eberswalde
Oberleitungs-Bus vom Bahnhof aus. In einem Mischwald Tierpark mit 115 meist einheimischen Tierarten und seit 1830 Forstbotanischer Garten mit 100 nicht einheimischen Baumarten, heute als Lehreinrichtung der Fachhochschule
Eberswalde Hbf

Oderberg
Binnenschifffahrtsmuseum, eine Ausstellung mit Modellen vom Kaffeekahn bis zur modernen Schubeinheit und Freilichtausstellung zur Oderschifffahrt, auch Seitenraddampfer derElbe RIESA
Angermünde/Bus

Niederfinow
Schiffshebewerk, das den landschaftsbedingten Höhenunterschied von 36 Metern für den Oder-Havel-Kanal mit einem Bauwerk von 60 Metern Höhe (außerdem 20 Meter Fundament) überwindet. Schiffstrog 85 Meter lang, zwölf Meter breit und zwei Meter tief, an 256 Stahltrossen hängend. Vom Hebewerk weite Sicht auf das Oderland.
Niederfinow

Seelow
Anti-Kriegs-Museum an der Kante der Lebuser Hochfläche mit gutem Überblick auf das einstige Schlachtfeld westlich der Oder. Die Gedenkstätte dokumentiert die letzte Phase der Schlacht um Berlin von 1945
Seelow (Mark) über Werbig

Bad Saarow-Pieskow
Gelegen am Scharmützelsee, mit 13,8 Quadratkilometern größter märkischer See. Villenkolonie seit 1905, später Wohnort Prominenter. Seit 1914 Moorbad. Aqua-Therme. PrivaterFasanen- und Wildpark
Über Fürstenwalde (Spree)

Neuruppin
Geburtsort von Friedrich Schinkel. Nach Brand im Karreesystem 1787 bis 1805 aufgebaut. Geburtshaus von Fontane als Löwenapotheke. Im Heimatmuseum Sammlung der Neuruppiner Bilderbogen (1810 –1945).
Tempelgarten an der Stadtmauer, angelegt von Kronprinz Friedrich
Neuruppin West

Rheinsberg
Am Stechlinsee Wasserschloss von 1566, von Kemmeter und Knobelsdorf im Stil friderizianischer Architektur umgebaut. Vorbild für den gleichnamigen Roman
RE Rheinsberg (Mark)

Nützliches und Wissenswertes

Halle des früheren Hamburger Bahnhofs in Berlin Foto: DB AG/Hoffmann

Was kostet Bahnfahren in Berlin? Tarife und Fahrpreise

Berlin gehört zum Verkehrsverbund Berlin-Brandenburg (VBB). Dieser bestimmt für den Nahverkehr die Art der Fahrkarten, die Preise und die Geltungsdauer. Die Bestimmungen und die Preise ändern sich sehr oft.
Die nachstehenden Informationen sollten nur als allgemeine Empfehlung verstanden werden. Einige sind beim Kauf des Reiseführers in Teilen vielleicht schon überholt. Sich bei der Ankunft zu erkundigen, was noch zutrifft, ist unbedingt zu empfehlen. Es gibt aber Standards im Nahverkehr, die schon lange Zeit Bestand haben:

♦ Das Gebiet des VBB ist in Teilbereiche, Segmente und Waben aufgeteilt. Tabellen neben den Fahrkartenautomaten zeigen, welche Nummern oder Buchstaben am Automaten einzugeben sind, damit für die Fahrkarte die zutreffenden Zone gewählt wird. Übrigens geben auch die Haltestellenschilder in Brandenburg an, zu welchem Bereich die Haltestelle rechnet. Berlin und sein Umland ist in die Teilbereiche A, B und C aufgeteilt, zu denen es Fahrkarten für die Bereiche AB, BC und ABC gibt. An den Automaten und in den U-Bahn-Stationen hängen „Netzspinnen", auf denen diese Tarifbereiche farbig dargestellt sind. Grundsätzlich liegen die Stationen innerhalb des S-Bahn-Ringes im Bereich A, die übrigen der Stadt Berlin im Bereich B, Stationen des Umlandes im Bereich C. Es gibt Ausnahmen. Wem das zu kompliziert ist, der löse die Fahrkarte an einem Fahrkartenschalter/Kundenzentrum, die man auf mehreren U- und vor allem auf den S-Bahnhöfen findet.

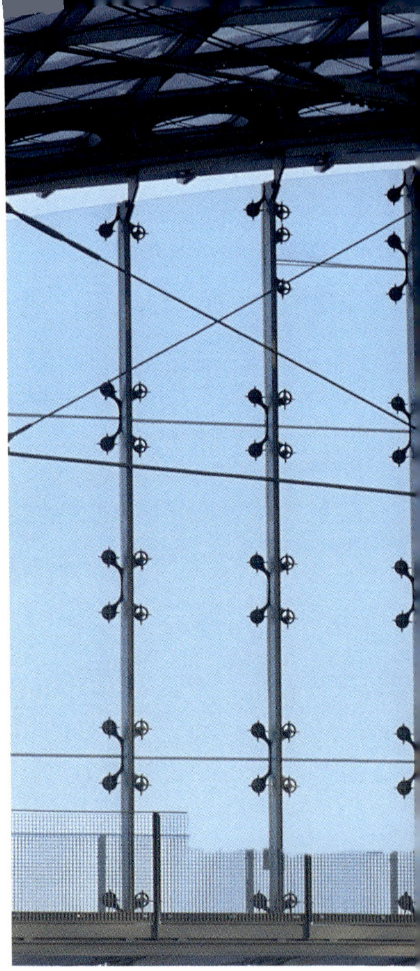

♦ Die Fahrkarten müssen bei Fahrtantritt entwertet werden, Tageskarten usw. zu Beginn der ersten Fahrt. Einzelfahrkarten gelten bis zwei Stunden nach der Entwertung und nur in einer Richtung.

♦ Die Nahverkehrsfahrkarten gelten für alle Verkehrsunternehmen im Verkehrsverbund, also auch für die Strausberger Eisenbahn. Die Fahrkarten müssen den Zonen entsprechen. Es lässt sich mit einer einzigen Fahrkarte, soweit sie für den

Raum zutrifft, zwischen den Verkehrsmitteln wählen, zum Beispiel gelten die Fahrkarten in Berlin für die S-Bahn, die U-Bahn, die Autobusse, die Fähren, und auch für die Nahverkehrszüge der Deutschen Bahn – nicht für besonders gekennzeichnete Spezialllinien.

♦ Tip: Wer von Berlin schnell nach Potsdam will (Bereich C), benutze anstelle der S-Bahn die RB- oder RE-Züge der Deutschen Bahn.

Für 300.000 Fahrgäste sind Deutsche Bahn und andere Dienstleister auf dem Hauptbahnhof jeden Tag empfangsbereit. *Foto: DB AG*

♦ DB-Fahrkarten mit dem Aufdruck „City" gelten auch bei der S-Bahn, bei der U-Bahn, in Bussen und bei der Straßenbahn, jedoch nur im Tarifgebiet A, also innerhalb des S-Bahn-Ringes, DB-Fahrkarten ohne diesen Vermerk nur in Zügen der DB einschließlich S-Bahn.

Zum Nachfragen

Deutsche Bahn – Konzern
Potsdamer Platz 2, 10785 Berlin
(030)297-0, www.bahn.de

DB Regio
Regionalbereich Berlin/Brandenburg
Babelsberger Str. 18, 14473 Potsdam
www.bahn.de

VBB Verkehrsverbund Berlin-Brandenburg GmbH
Hardenbergplatz 2, 10623 Berlin
(030) 25 41 41 41
www.vbb-online.de, info@vbbonline.de

S-Bahn Berlin GmbH
Invalidenstr. 19, 10115 Berlin
(030) 29 74 33 33, www.s-bahn-berlin.de

Berliner Verkehrsbetriebe (BVG)
Potsdamer Str. 188, 10783 Berlin
(030) 19 44 9
www.bvg.de, info@bvg.de

ViP Verkehrsbetrieb Potsdam GmbH
Fritz-Zubeil-Str. 96, 14482 Potsdam
(0331)66140, info@vip-potsdam.de

Schöneicher-Rüdersdorfer Straßenbahn GmbH
Dorfstr. 15, 15566 Schöneiche
(030) 65 48 68 33

Woltersdorfer Straßenbahn GmbH
Vogelsdorfer Str. l, 15569 Woltersdorf
(03362) 88 12 30

Strausberger Eisenbahn GmbH
Walkmühlenstr. 29, 15344 Strausberg
(03341) 49 73 58
ste@strausberg.de

Die Stadtbahn in Berlin – hier am Bahnhof Alexanderplatz – erlaubt während der Fahrt gute Aussicht auf die Stadtbauten.
Foto: Reiner Preuß

Wohin in Berlin? Auf Schienen zu Museen und Sehenswürdigkeiten

Angegeben wird die nächste Regional-, S- oder U-Bahn-Station. Bei dem dichten Verkehrsnetz können für den Zugang außerdem Bus und Straßenbahn recht hilfreich sein. Bei der Vielzahl der Museen, Galerien, Archive, Denkmäler und interessanten Orten wurde eine Auswahl getroffen. Heimatmuseen, Archive und Galerien sind nicht genannt.

Museen:

ABGUSSSAMMLUNG ANTIKER PLASTIK Schlossstr. 69b, Charlottenburg; ☎ 342 40 54 Richard-Wagner-Platz

AKADEMIE DER KÜNSTE
Pariser Platz 4, Mitte; ☎ 200 57 17 00;
Hanseatenweg 10, Tiergarten; ☎ 39 07 60
Unter den Linden (Brandenburger Tor)

ALTE NATIONALGALERIE
Bodestraße 1–3, Mitte; ☎ 20 90 58 01;
Hackescher Markt

ALTES MUSEUM
Bodestr. 1–3, Eingang: Lustgarten, Mitte; ☎ 20 90 55 77; Hackescher Markt

ANNE FRANK ZENTRUM
Rosenthaler Str. 39, Mitte; ☎ 30 87 29 88
Hackescher Markt

ANTIKENSAMMLUNG
im Pergamonmuseum, Bodestraße 1–3, Mitte; ☎ 20 90 52 01 Friedrichstraße

ANTI-KRIEGS-MUSEUM
Brüsseler Str. 21, Wedding; ☎ 45 49 0110
Seestraße

ARBORETUM
Späthstr. 80/81, Baumschulenweg; ☎ 636 69 41 Blaschkoallee

BANKMUSEUM DER COMMERZBANK
Potsdamer Str. 125 ☎ 265 30
Bülowstraße

BAUHAUS-ARCHIV
Klingelhöferstr. 13, Tiergarten; ☎ 254 00 20
Nollendorfplatz

BERLINER ZINNFIGUREN
Knesebeckstr. 88 ☎ 313 08 02 Uhlandstr.

BODEMUSEUM
Am Kupfergraben, Mitte ☎ 26557340
Friedrichstraße

BRECHT-WEIGEL-GEDENKSTÄTTE,
Chausseestr. 125, Mitte,
Oranienburger Str.

BRÖHAN MUSEUM
Schlossstr. 1a, Charlottenburg; ☎ 326 906 22
Richard-Wagner-Platz

BRÜCKE-MUSEUM
Bussardsteig 9, Zehlendorf; ☎ 831 20 29
Richard-Wagner-Platz

COMPUTER- UND VIDEOSPIELE MUSEUM Rungestr. 20, Mitte; ☎ 279 33 51
Heinrich-Heine-Str.

DAIMLERCHRYSLER CONTEMPORARY
Haus Huth, Alte Potsdamer Str. 5, Tiergarten.; ☎ 25 94 14 21
Potsdamer Platz

DAS STILLE MUSEUM
Linienstr. 154a, Mitte, ☎ 280 77 01
Rosenthaler Platz

DAS VERBORGENE MUSEUM
Schlüterstr. 70, Charlottenburg; ☎ 313 36 56
Savignyplatz

DENKMAL FÜR DIE ERMORDETEN JUDEN EUROPAS
Cora-Berliner-Straße l, Mitte; ☎ 26 39 43 36
(Stelenfeld jederzeit zugänglich)
Unter den Linden (Brandenburger Tor)

DEUTSCHE GUGGENHEIM BERLIN
Unter den Linden 13–15, Mitte; ☎ 20 20 93
Unter den Linden (Brandenburger Tor)

Die vom Musical bekannt geworden Linie 1 der Berliner U-Bahn fährt auf weiter Strecke als Hochbahn. Aufnahme in Nähe von Gleisdreieck vor dem Deutschen Technik-Museum

Foto: Bodo Schulz

EUROPEAN
Warschauer Straße
Uhlandstraße
777
587

DEUTSCHER DOM
Gendarmenmarkt 1, Mitte Stadtmitte

DEUTSCHES HISTORISCHES MUSEUM
Pei-Bau, Hinter dem Gießhaus 3, Mitte; ☎ 203 040 Hackescher Markt

DEUTSCHES TECHNIKMUSEUM
Trebbiner Str. 9, Kreuzberg; ☎ 90 25 40 Möckernbrücke/Gleisdreieck

DEUTSCH-RUSSISCHES MUSEUM BERLIN-KARLSHORST
Zwieseler Str. 4, Karlshorst; Karlshorst

DOKUMENTATIONSZENTRUM BERLINER MAUER Bernauer Straße 111, Mitte ☎ 464 10 30 Nordbahnhof

DOMÄNE DAHLEM
Königin-Luise-Str. 49, Dahlem; ☎ 832 50 00 Grunewald/ Dahlem Dorf

DORFMUSEUM MARZAHN,
Alt-Marzahn, Marzahn; Marzahn

ERINNERUNGSSTÄTTE NOTAUFNAHMELAGER MARIENFELDE
Marienfeloder Allee 66–80, Marienfelde; ☎ 720 43 25 Marienfelde

EROTIK-MUSEUM
Beate Uhse Kantstr. 6, Charlottenburg; ☎ 86 06 66 Zoologischer Garten

ETHNOLOGISCHES MUSEUM
Lansstr. 8, Zehlendorf; ☎ 830 010 Dahlem Dorf

FEUERWEHRMUSUM
Berliner Str. 16, Tegel; ☎ 43 90 61 80 Alt-Tegel

FILMMUSEUM BERLIN DEUTSCHE KINEMATHEK,
Reuchlinstr. 10, Charlottenburg; ☎ 35503325 Beusselstr. & Potsdamer Str. 2, Tiergarten; ☎ 30 09 03 13 Potsdamer Platz

FORSCHUNGS-/GEDENKSTÄTTE NORMANNENSTR.
Ruschestr. 103, Lichtenberg; ☎ 55 36 854 Magdalenenstraße

FRISEURMUSEUM
Alt-Marzahn 31, Marzahn; ☎ 541 02 31 Marzahn

GASLATERNEN-FREILICHTMUSEUM
Tiergarten Tiergarten

GEDENKSTÄTTE BERLINER MAUER
Invalidenstr., Mitte, Nordbahnhof

GEDENKSTÄTTE BERLIN-HOHENSCHÖNHAUSEN
Genslerstr. , Hohenschönhausen, Landsberger Allee

GEDENKSTÄTTE DEUTSCHER WIDERSTAND
Stauffenbergstr. 13/14, Tiergarten; ☎ 26 99 50 00 Potsdamer Platz

GEDENKSTÄTTE HAUS DER WANNSEEKONFERENZ
Am Großen Wannsee 56–58, Wannsee; ☎ 805 0010 Wannsee

GEDENKSTÄTTE HOHENSCHÖNHAUSEN
Genslerstr. 66, Hohenschönhausen; ☎ 98 60 82 30; Landsberger Allee

GEDENKSTÄTTE KÖPENICKER BLUTWOCHE JUNI 1933
Puchanstr. 12, Köpenick; ☎ 657 14 67 Spindlersfeld

GEDENKSTÄTTE PLÖTZENSEE
Hüttigpfad, Charlottenburg; ☎ 344 32 26 Beusselstraße

GEORG-KOLBE-MUSEUM
Sensburger Allee 25, Charlottenburg; ☎ 304 2144 Heerstraße

GRÜNAUER WASSERSPORTMUSEUM
Regattastraße 223, Köpenick, ☎ 674 40 02 Grünau

GRÜNDERZEITMUSEUM
Hultschiner Damm 333, Mahlsdorf, ☎ 5678329 Mahlsdorf

HAMBURGER BAHNHOF
Invalidenstr. 50–51, Tiergarten; ☎ 39 78 34 12 Hauptbahnhof

HANDWERKERMUSEUM
Alt-Marzahn 31, Marzahn; ☎ 541 02 31 Marzahn

HANFMUSEUM
Mühlendamm 5, Mitte; ☎ 242 48 27
Alexanderplatz

HAUS AM CHECKPOINT CHARLIE
Friedrichstraße 43–45, Kreuzberg;
☎ 25 37 250 Kochstraße

HAUS DER KULTUREN DER WELT
John-Foster-Dulles-Allee 10, Tiergarten;
☎ 397 87–0 Tiergarten

HUNDEMUSEUM
Alt-Blankenburg 33, Blankenburg;
☎ 474 20 31 Blankenburg

JÜDISCHES MUSEUM
Lindenstr. 9–14, Kreuzberg; ☎ 25 99 33 00
Hallesches Tor

JUGENDMUSEUM
Hauptstr. 40/42, Schöneberg; ☎ 78 76 22 34
Schöneberg

KÄTHE-KOLLWITZ-MUSEUM
Fasanenstr. 24, Charlottenburg; ☎ 882 52 10
Uhlandstraße

KERAMIK-MUSEUM BERLIN
Schustehrusstraße 13, Charlottenburg;
☎ 321 23 22 Richard-Wagner-Platz

KINDER- UND JUGENDMUSEUM
Schivelbeinstr. 45, Prenzlauer Berg;
☎444 73 26 Schönhauser Allee

KONRAD-ADENAUER-STIFTUNG
Akademie/Tiergartenstraße 35,
Tiergarten; ☎ 26 99 60
Wittenbergplatz

KUNSTBIBLIOTHEK
Matthäikirchplatz 6, Tiergarten; ☎ 266 20 29
Kottbusser Tor

KUNSTGEWERBEMUSEUM
im Schloss Köpenick, Schlossinsel;
☎ 20 90 55 66 Spindlersfeld

KUNSTGEWERBEMUSEUM
Tiergartenstraße 6, Eingang:
Kulturforum/Matthäikirchplatz;
☎ 266 29 02 Tiergarten

KÜNSTLERHAUS BETHANIEN
Mariannenplatz 2, Kreuzberg; ☎ 616 90 30
Kottbusser Tor

KUPFERSTICHKABINETT
Matthäikirchplatz 8, Eingang:
Kulturforum/Matthäikirchplatz,
☎ 266 20 02 Tiergarten

Vom Bahnhof Zoologischer Garten startet die Touristen-Buslinie 100, die alle wichtigen Berliner Sehenswürdigkeiten anfährt – und das zum BVG-Tarif Foto: Bodo Schulz

U-Bahn am
Bahnhof Möckernbrücke
Foto: Bodo Schulz

LABYRINTH KINDERMUSEUM
Osloer Str. 2, Wedding; ☎ 49 30 89 01
Osloer Straße

LUFTWAFFENMUSEUM
DER BUNDESWEHR,
Gatow, über Spandau

MÄRKISCHES MUSEUM
Am Köllnischen Park 5, Mitte; ☎ 308 660
Jannowitzbrücke/ Märkisches Museum

MARTIN-GROPIUS-BAU
Niederkirchner Straße 7, Kreuzberg;
☎ 25 48 60 Anhalter Bf

MEDIZINHISTORISCHES MUSEUM
der Charité, Schumannstr. 20–21, Mitte;
Friedrichstraße

MUSEUM BERLINER ARBEITERLEBEN
Husemannstr. 12, Prenzlauer Berg
Eberswalder Straße

MUSEUM BLINDENWERKSTATT
OHO WEIDT
Rosenthaler Str. 39, Mitte; ☎ 28 59 94 07
Weinmeisterstraße

MUSEUM EPHRAIM-PALAIS
Poststraße 16, Mitte; ☎ 24 00 21 21
Alexanderplatz

MUSEUM EUROPÄISCHER KULTUREN
Arminallee 25, Dahlem; ☎ 839 01 287
Thielplatz

MUSEUM FÜR FOTOGRAFIE
Helmut Newton Stiftung, Jebensstr. 2,
Charlottenburg; ☎ 3186 48 25
Zoologischer Garten

MUSEUM FÜR GEGENWART
im Hamburger Bahnhof, Invalidenstr. 50,
Tiergarten; ☎397 83 40 Hauptbahnhof

MUSEUM FÜR INDISCHE KUNST
Lansstr. 8, Dahlem; ☎ 83 01361
Dahlem Dorf

MUSEUM FÜR ISLAMISCHE KUNST
im Pergamonmuseum, Bodestr. 1–3,
Mitte; ☎ 20 90 54 01
Friedrichstraße

MUSEUM FÜR KOMMUNIKATION
Leipziger Str. 16; ☎ 202 94 0 Mohrenstr.

MUSEUM FÜR NATURKUNDE
Invalidenstr. 43, Mitte; ☎ 20 93 85 91
Zinnowitzer Straße

MUSEUM FÜR OSTASIATISCHE KUNST
Lansstr. 8, Dahlem; ☎ 830 13 82
Dahlem Dorf

MUSEUM FÜR VÖLKERKUNDE
Lansstr. 8, Dahlem; ☎ 83 01361
Dahlem Dorf

MUSEUM FÜR VOR- UND
FRÜHGESCHICHTE
im Schloss Charlottenburg, Spandauer
Damm 22; ☎ 326 74 811
Richard-Wagner-Platz

MUSEUM IM WASSERWERK
Müggelseedamm 307, Friedrichshagen;
☎ 86 44 76 95 Friedrichshagen

MUSEUM KINDHEIT UND JUGEND
Wallstraße 32, Mitte; ☎ 275 03 83
Märkisches Museum

MUSEUM NIKOLAIKIRCHE
Nikolaikirchplatz, Mitte; ☎ 24 00 21 62
Alexanderplatz

MUSIKINSTRUMENTEN-MUSEUM
Tiergartenstr. 1, Tiergarten; ☎ 25 481139
Potsdamer Platz

NATIONALGALERIE
Bodestr., Mitte; ☎290 50
Hackescher Markt

NATURWISSENSCHAFTUCHE
SAMMLUNGEN
Schlossstraße 69a, Charlottenburg;
☎ 342 50 30 Richard-Wagner-Platz

NEUE NATIONALGALERIE
Potsdamer Str.e 50, Tiergarten; ☎ 266 26 51
Potsdamer Platz

POLIZEIHISTORISCHES MUSEUM
Platz der Luftbrücke 6, Tempelhof;
☎ 69 93 50 50
Platz der Luftbrücke

PUPPENTHEATER-MUSEUM
Karl-Marx-Str. 135, Neukölln; ☎ 687 81 32
Karl-Marx-Straße

ROBERT-KOCH-MUSEUM
Dorotheenstr. 96, Mitte; ☎ 20 93 47 19
Unter den den Linden (Brandenburger Tor)

ROTKREUZ-MUSEUM,
Bundesallee 73, Friedenau; ☎ 85 00 52 55
Bundesplatz

SCHERING-WERKSMUSEUM
Müllerstr. 170–178, Wedding; ☎ 46 81 24 04
Reinickendorfer Str.

SCHLOSS CHARLOTTENBURG
Schlossstr. 1, Charlottenburg; ☎ 320 91 440
Richard-Wagner-Platz

SCHLOSS FRIEDRICHSFELDE
Am Tierpark 125, Lichtenberg; ☎ 24 00 21 62
Tierpark

SCHULMUSEUM
Wallstr. 32, Mitte; ☎ 275 03 83
Märkisches Museum

SCHWULES MUSEUM
Mehringdamm 61. Kreuzberg; ☎ 69 59 90 50
Mehringdamm

SPORTMUSEUM
Hanns-Braun-Str., Ruhleben; ☎ 305 83 00
Olympiastadion

TEDDY MUSEUM BERLIN
Kurfürstendamm 147, Charlottenburg,
Adenauerplatz

TOPOGRAFIE DES TERRORS
Stresemannstr. 110, Kreuzberg; ☎ 254 50 90
Anhalter Bf

VILLA OPPENHEIM
Schlossstr. 55, Charlottenburg;
☎ 902 92 41 51 Richard-Wagner-Platz

VORDERASIATISCHES MUSEUM
im Pergamonmuseum, Bodestr. 1–3, Mitte;
☎ 20 90 53 01 Hackescher Markt

WÄSCHEREIMUSEUM
Luisenstr. 23, Köpenick; ☎ 651 64 24
Köpenick

WASSERSOPORTMUSEUM
Regattastr. 144, Grünau; ☎ 674 40 021
Grünau

WILLY-BRANDT-HAUS
Stresemannstr. 28, Kreuzberg; ☎ 25 99 10
Hallesches Tor

ZITADELLE SPANDAU
Am Juliusturm, Spandau; ☎ 35 49 44 220
Zitadelle

ZUCKER-MUSEUM
Amrumer Str. 32, Wedding; ☎ 31 42 75 74
Amrumer Str.

Sehenswürdigkeiten in Berlin:

AQUADOM & SEA LIFE CENTER
Spandauer Str. 3, Mitte,
Hackescher Markt

ARCHENHOLD-STERNWARTE
Alt-Treptow 1, Treptow, Plänterwald

BERLINER DOM
Lustgarten, Mitte, Hackescher Markt

BOTANISCHER GARTEN
Königin-Luise-Str. 6, Steglitz,
Botanischer Garten

BRANDENBURGER TOR
Unter den Linden, Mitte,
Unter den Linden (Brandenburger Tor)

BUNDESKANZLERAMT
Paul-Löbe-Allee, Tiergarten,
Hauptbahnhof

BUNDESRATSGEBÄUDE
(Preußischer Landtag), Leipziger Str. 3–4,
Mitte, Potsdamer Platz

CENTRUM JUDAICUM
(Neue Synagoge), Oranienburger Str. 30,
Mitte, Oranienburger Str.

CHARITÉ
Schumannstr. 20/21, Mitte,
Friedrichstraße

CHECKPOINT CHARLY
Friedrichstraße, Mitte, Kochstraße

DEUTSCHER DOM
Gendarmenmarkt, Mitte, Stadtmitte

S-Bahn-Bogen im Verlauf der Stadtbahnstrecke. Hier demonstriert die DB Immobiliengesellschaft wie ein sanierter Bogen nach Vermietung aussehen könnte. *Foto: DB AG/Schulz*

DOROTHENSTÄDTISCHER FRIEDHOF
Chausseestr. 126, Mitte,
Oranienburger Straße

EAST SIDE GALERY
Mühlenstraße, Friedrichshain,
Ostbahnhof

EPHRAIM-PALAIS
Mühlendamm, Mitte,
Alexanderplatz

FERNSEHTURM
Panoramastr. 1 a, Mitte,
Alexanderplatz

FLUGHAFEN TEMPELHOF
Platz der Luftbrücke, Tempelhof,
Platz der Luftbrücke

FRANZÖSISCHER DOM
Gendarmenmarkt, Mitte,
Stadtmitte

FRIEDHOF BAUMSCHULENWEG
Kiefholzstr. 211–216, Baumschulenweg,
Baumschulenweg

FUNKTURM (Messegelände),
Messedamm, Charlottenburg,
Kaiserdamm

HAUS DER KULTUREN DER WELT
(Kongresshalle), John-Forster-Dulles-Allee 10, Tiergarten,
Unter den Linden (Brandenburger Tor)

HISTORISCHER HAFEN
Fischerinsel, Mitte, Jannowitzbrücke/ Märkisches Museum

HUGENOTTENFRIEDHOF
Chaussestr. 27, Mitte, Oranienburger Str.

INTERNATIONALES CONGRESS CENTRUM Jafféstr., Charlottenburg,
Kaiserdamm/Westkreuz

KADEWE (Kaufhaus des Westens)
Tauenzienstr. 21, Schöneberg,
Wittenbergplatz

KAISER-WILHELM-GEDÄCHTNISKIRCHE
Am Breitscheidplatz,
Zoologischer Garten

KONTROLLRATSGEBÄUDE (ehemals),
Potsdamer Str., Schöneberg, Kleistpark

KONZERTHAUS (Schauspielhaus),
Gendarmenmarkt, Mitte, Stadtmitte

KREMATORIUM BAUMSCHULENWEG
(modernstes in Europa, von Schultes und Frank), Kiefholzstr. 211–216, Baumschulenweg, Baumschulenweg

KRONPRINZENPALAIS
Unter den Linden, Mitte,
Hackescher Markt

KULTURFORUM
Potsdamer Platz, Tiergarten,
Potsdamer Platz

KURFÜRSTENDAMM
Kurfürstendamm, Charlottenburg,
Kurfürstendamm u. a.

MARIENKIRCHE
Liebknechtstr. 8, Mitte,
Alexanderplatz

MAX-SCHMEHLING-HALLE
Am Falkplatz, Prenzlauer Berg,
Landsberger Allee

MENGENLEHRE-UHR
von Binninger, Budapester Str., Charlottenburg, Kurfürstendamm

MUSEUMSDORF DÜPPEL
Clauertstr. 11, Zehlendorf, Mexikoplatz

MUSEUMSINSEL
Bodestr. 1–3, Mitte,
Friedrichstraße

NEUE WACHE
Unter den Linden, Mitte,
Hackescher Markt

NIKOLAIHAUS
Brüderstr. 13, Mitte, Spittelmarkt

NIKOLAIVIERTEL
Mitte, Alexanderplatz

OLYMPIASTADION
Olympischer Platz 3, Charlottenburg, /
Olympiastation

PFAUENINSEL
Im Wannsee, Zehlendorf,
Wannsee

PHILHARMONIE
Herbert-von-Karajan-Str. 1, Tiergarten,
Potsdamer Platz

PLANETARIUM
Prenzlauer Allee 80, Prenzlauer Berg,
Prenzlauer Allee

PYRAMIDENUHR
Landsberger Allee, Prenzlauer Berg,
Landsberger Allee

REICHSTAGSGEBÄUDE
(Bundestag) Platz der Republik 1,
Tiergarten, Unter den Linden (Brandenburger Tor)

ROTES RATHAUS
(Rathaus Stadtmitte), Rathausstr., Mitte,
Alexanderplatz

SANKT-HEDWIGS-KATHEDRALE
Bebelplatz,Mitte, Hackescher Markt

SCHLOSS CHARLOTTENBURG
Luisenplatz, Charlottenberg,
Richard-Wagner-Platz

SCHLOSS KÖPENICK
Schlossinsel, Köpenick, Spindlersfeld

SCHLOSS NIEDERSCHÖNHAUSEN
Ossietzkystr., Pankow, Pankow

SCHLOSS UND PARK BRITZ
Alt-Britz, Britz, Parchimer Allee

SCHLOSSPLATZ
Mitte, Hackescher Markt

SCHOOL OF MANAGEMENT AND TECHNOLOGY
(Ehem. DDR-Staatsratsgebäude und Bundeskanzleramt), Schloßplatz, Alexanderplatz

SIEGESSÄULE
Großer Stern, Tiergarten, Bellevue/Hansaplatz

SONYCENTER
Potsdamer Platz, Mitte, Potsdamer Platz

SOWJETISCHES EHRENMAL
Puschkinallee, Treptow, Treptower Park

SOWJETISCHES EHRENMAL
Str. des 17.Juni, Tiergarten, Unter den Linden (Brandenburger Tor)

TEMPODROM
Möckernstr. 10–25, Anhalter Bf

TIERPARK
Am Tierpark 125, Friedrichfelde, Tierpark

TREPTOWER PARK
Treptow, Treptower Park

UNTER DEN LINDEN
Mitte, Unter den Linden (Brandenburger Tor)

VELODROM
Paul-Heyse-Str. 26, Kreuzberg, Landsberger Allee

WASSERUHR
von Gitton im Europa-Center, Tauentzinstr. 9–12, Charlottenburg, Kurfürstendamm

ZENTRALFRIEDHOF FRIEDRICHSFELDE
Gudrunstr., Lichtenberg, Lichtenberg

ZEUGHAUS
(Museum für Deutsche Geschichte) Unter den Linden, Mitte, Hackescher Markt

ZOOLOGISCHER GARTEN
Hardenbergplatz 8, Tiergarten, Zoologischer Garten

S U S+U-Bahn-Netz

M M MetroNetz

S
- S1 Potsdam Hbf ↔ Oranienburg
- S1 Wannsee ↔ Oranienburg
- S2 Blankenfelde ↔ Bernau
- S26 Teltow Stadt ↔ Potsdamer Platz
- S3 Erkner ↔ Ostbahnhof
- S3 Erkner ↔ Ostkreuz
- S41 *Ring im Uhrzeigersinn*
- S41 Gesundbrunnen ▸ Westend
- S42 *Ring gegen Uhrzeigersinn*
- S42 Westend ▸ Gesundbrunnen
- S45 Flughafen Berlin-Schönefeld ↔ Gesundbrunnen
- S46 Königs Wusterhausen ↔ Gesundbrunnen
- S47 Spindlersfeld ↔ Gesundbrunnen
- S47 Spindlersfeld ↔ Schöneweide
- S5 Strausberg Nord ↔ Westkreuz
- S7 Ahrensfelde ↔ Wannsee
- S7 Ahrensfelde ↔ Lichtenberg
- S7 Westkreuz ↔ Potsdam Hbf
- S75 Wartenberg ↔ Spandau
- S8 (Zeuthen ↔) Grünau ↔ Hennigsdorf
- S85 (Grünau ↔) Schöneweide ↔ Waidmannslust
- S86 Nordbahnhof ↔ Birkenwerder
- S9 Flughafen Berlin-Schönefeld ↔ Spandau
- S9 Flughafen Berlin-Schönefeld ↔ Warschauer Str.

U
- U1 Warschauer Straße ↔ Uhlandstraße
- U2 Pankow ↔ Ruhleben
- U2 Pankow ↔ Theodor-Heuss-Platz
- U3 Nollendorfplatz ↔ Krumme Lanke
- U4 Nollendorfplatz ↔ Innsbrucker Platz
- U5 Hönow ↔ Alexanderplatz
- U6 Alt-Tegel ↔ Alt-Mariendorf
- U7 Rathaus Spandau ↔ Rudow
- U7 Jakob-Kaiser-Platz ↔ Rudow
- U8 Wittenau ↔ Hermannstraße
- U9 Osloer Straße ↔ Rathaus Steglitz

S2 U7 S+U-Bahn-Nachtverkehr nur Fr/Sa, Sa/So und vor Feiertagen ca. 0.30-4.30 Uhr

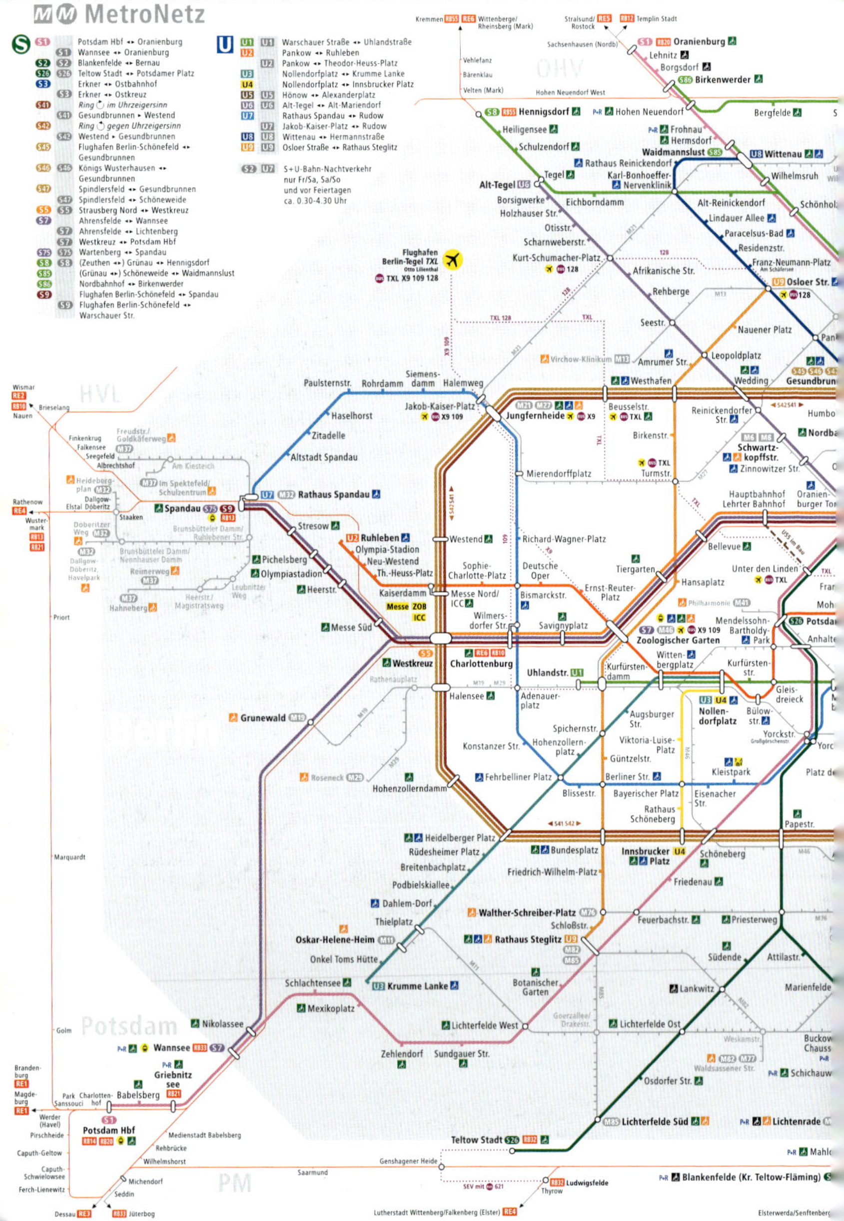

Fahrscheine bitte vor Fahrtantritt entwerten.
Tickets must be validated before use.

in Brandenburg

Legende

- S+U-Bahn-Linie mit Umsteigemöglichkeit
- MetroTram-Linie
- MetroBus-Linie
- Halt nur in Pfeilrichtung
- Bus-Anbindung zum Flughafen
- Fernbahnhof
- ZOB Zentraler Omnibusbahnhof
- P+R Parkplatz
- BVG-Fundbüro

Barrierefreier Nahverkehr

- Barrierefreier Zugang S+U
- Zugang über Rampe
- MetroTram/MetroBus bedingt barrierefreie Fahrzeuge

Bezeichnung der Bahnhöfe unter Fortlassung der Tarif-bezeichnung Berlin bzw. Potsdam

Service

Berliner Verkehrsbetriebe (BVG)
10773 Berlin
www.bvg.de - info@bvg.de
imode.bvg.de - wap.bvg.de

BVG Call Center: (030) 19 44 9
Tag und Nacht. Rund um die Uhr.
Auch am Wochenende.

BVG Fahrinfo SMS
Standort-Nr. senden an **77 3 77**

BVG Fundbüro
am U-Bhf Kleistpark/U-Bhf Bülowstr.
Potsdamer Str. 182 (nahe Pallasstraße)
10783 Berlin (Schöneberg)
(030) **19 44 9**

S-Bahn Berlin

S-Bahn Berlin GmbH
(030) 29 74 33 33
www.s-bahn-berlin.de
kundenbetreuung@s-bahn-berlin.de
DB-FundService Hotline 01805/99 05 99

S-Bahn-Kundenbüro
Am S-Bahnhof Nordbahnhof
Invalidenstr. 19
10115 Berlin (Mitte)

Die Bahn DB
www.bahn.de
11 8 61 gebührenpflichtig

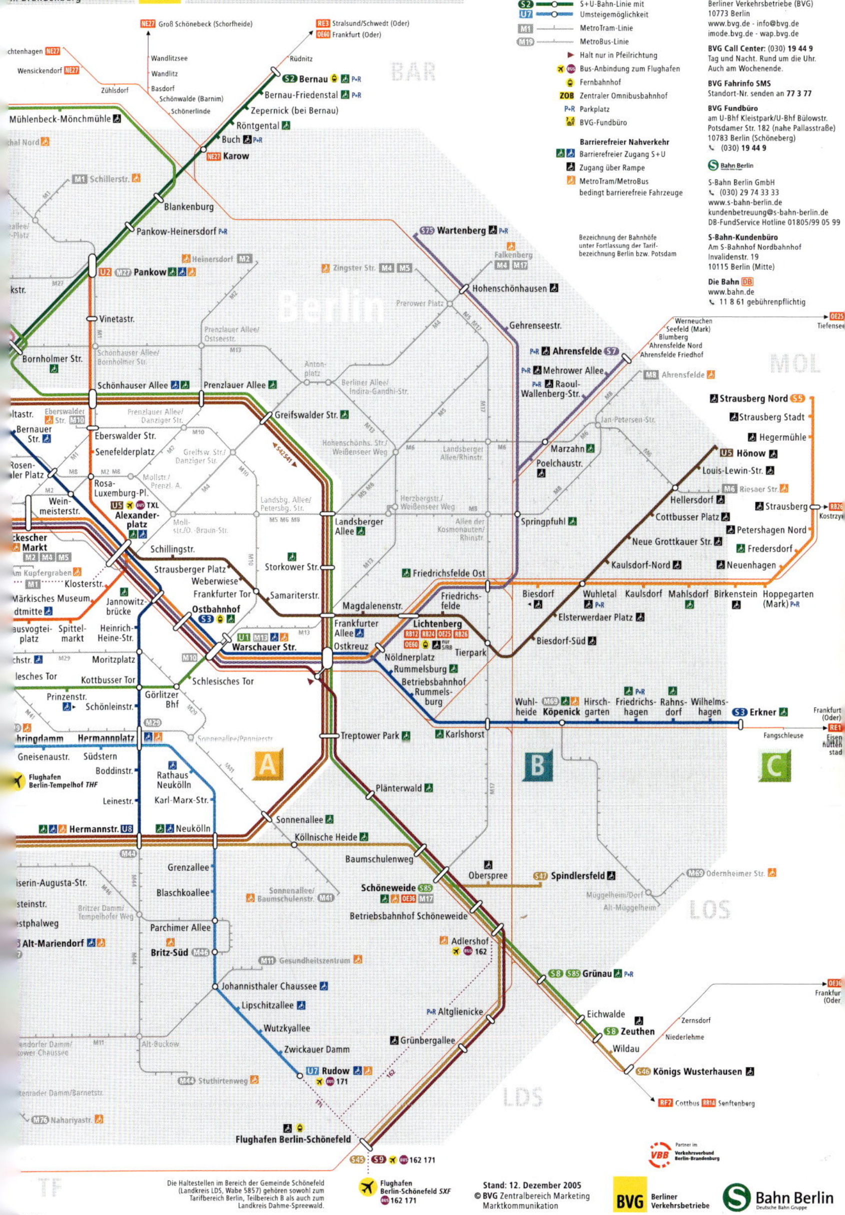

Die Haltestellen im Bereich der Gemeinde Schönefeld (Landkreis LDS, Wabe 5857) gehören sowohl zum Tarifbereich Berlin, Teilbereich B als auch zum Landkreis Dahme-Spreewald.

Flughafen Berlin-Schönefeld SXF
162 171

Stand: 12. Dezember 2005